仕事は人間関係が９割！

職場で使える「伝達力」

小倉 広 監修

はじめに

「上司が意見を聞いてくれない」

「部下が指示通りに仕事をしない」

「同僚との関係がギクシャクする」

……など、社内でのコミュニケーションの悩みは尽きないものです。とくに「言いたいことを相手に伝える」ことは難しいのではないでしょうか。

ある調査会社が企業の人事担当者にアンケート調査（２０１６年）を行ったところ、半数以上の人が「社内コミュニケーションに課題あり」と答えています。しかし、会社が上から目線でコミュニケーションの問題を解決しようとしても、人によってケースバイケースなので、すぐに解決することはできません。

こうしたコミュニケーションの悩みやトラブルは、放っておくと人間関係の悪化や、ストレスによる心身の疲弊を招きます。しかも個人だけでなく、組織全体の雰囲気が悪くなります。さらに厄介なのは、仕事自体の悩みであれば自分が努力することによってある程度解決できるのですが、コミュニケーションの悩みは自分以外の「他者」に関わります。

「融通の利かない部長の考え方を変えたい」

「部下にはもっと積極的に仕事に取り組んでもらいたい」

といった人間関係のトラブルを抱えると、多くの人は「相手を変えたい」と思うかもしれません。しかし、「三つ子の魂百まで」ということわざもあるように、他人の性格を変えることは難しいものです。

よって、「相手を変える」ことができないのなら「自分を変える」しかありません。「相手に対する認識」など、自分の内面を変えてアプローチを工夫し、最終的にコミュニケーションの改善につなげることが大切なのです。

相手を変えられなくとも、もし相手と「信頼関係」を築けたとしたら、話は変わってきます。いつもお堅い考えで通っている上司だとしても「信頼関係」の土台ができれば、部下に対しての「聞く態度」が変わってくることがあります。

このように〝コミュニケーションの改善〟は、まず〝相手との関係の構築〟を見直す必要があるのです。

近年、「アドラー心理学」という対人関係の心理学が注目されています。私のアドラー心理学に触れた著作でも紹介しているように、この心理学では人間関係を改善するためにさまざまな提案がなされています。そして、「相手に対して共感することの大切さ」が説かれています。

本書では、コミュニケーションの基本を解説しながら、上司・先輩、部下・後輩への伝達の方法、そしてチームにおけるコミュニケーションのメソッドを紹介しています。いずれも立場やケースが異なっていても「自分を変える」ことで信頼関係を築き、コミュニケーションを改善するという考え方が根底に流れています。

信頼関係は〝共感〟により築かれるものと言ってもよいかもしれません。そして相手に〝共感〟し、つらさや喜びを分かち合うことが、コミュニケーション能力を上げる秘訣なのです。

日々のコミュニケーションを見直し、仕事がしやすい良好な職場環境を整えてみてはいかがでしょうか。

小倉　広

contents

Part 2 上司・先輩への「伝達力」の鍛え方

Part 3
部下・後輩への
効果的な「伝達力」

Part 4
チーム力を上げる伝え方&方法

Part 1

組織を活性化する

コミュニケーションの基本

01 相手と適切な距離をとる

仕事の進め方に意見するときのひと言

○ Good

仕事のやり方をこのように変えたらよいと思いますが、どうでしょうか？

× Bad

このやり方は間違いです。私の言うやり方でやってください。

POINT

コミュニケーションでは、適度な「距離感」をもって接することが大切。

相手の意見を聞きながらアドバイスする

社内のコミュニケーションでもっとも大切なのが相手との「距離感」。距離感が近すぎると「押し付け」や「おせっかい」になってしまいます。

たとえば、右のＢａｄの例は相手との距離感が近すぎるため、仕事のやり方を押し付ける発言になっています。逆に、Ｇｏｏｄのように相手の意見を聞く形でアドバイスすれば「押し付け」にならず、適度な距離感がとれるのです。

では、逆に距離が「遠すぎる」場合はどうでしょうか？　それでは、こちらの伝えたいことが伝わらなくなってしまいます。さらに、相手から「冷たい人だな」「自分を無視しているな」と思われるリスクが生まれるかもしれません。つまり、コミュニケーションをうまくとるためには**「ちょうどよい距離感」を保つ必要がある**のです。

そのためにはさまざまなスキルを学ぶ必要がありますが、具体的な方法はこのあとのページで解説していきます。

02 相手の気持ちを受け止める

失敗して落ち込んでいる相手にひと言

○ Good

ミスしちゃうと、
やっぱり落ち込むよね。

× Bad

たいしたこと
ないじゃない。
気にしちゃダメだよ。

POINT

自分の価値観や基準を加えない言葉を相手に投げかけてあげよう。

無条件で相手を受け止める

仕事でミスをした同僚や部下に対し、あなたはなんと声をかけるでしょうか？　「たいしたことないじゃない。気にするなよ」となだめる人もいれば、「もっとがんばれよ！」と叱咤激励する人もいるでしょう。

しかし、良かれと思って発した言葉で、逆に相手を落ち込ませたり、反発を招いたりといった経験は誰でも一度はあるはず。じつは、こうしたセリフは相手の心には響かない言葉なのです。なぜか？　それは発言が**あなたの考え方や基準によるものになっているから**です。

相手が本当はどんな精神状態にあるのか、他人にはわかるはずがありません。それにもかかわらず一方的に自分の価値観で意見を伝えては、相手に伝わるわけがないのです。

では、いったいどんな姿勢で接すればよいのでしょうか？　それは「相手に共感する」ことです。共感とは、こちらの価値観で意見を言ったり、相手を非難・否定したりしないこと。一度**「無条件」で相手の気持ちに共感する。これが上手なコミュニケーションの基本**です。

冒頭のGoodのように「ミスしちゃうと、やっぱり落ち込むよね」と相手に寄り添う発言をしてみましょう。これにより、あなたの思いはより伝わりやすくなります。

「共感」と「理解」は大きく異なる

ただし、ここで気を付けなければいけないのが**「共感」と「相手を理解しようとすること」はまったく違う**ということです。

「君の気持ちはよくわかるよ」と言う人がいますが、こうした言葉は決して相手が望む距離感ではありません。人は立場も考え方も違います。理解を示すことで一瞬は相手をなぐさめることができても、いずれお互いの意見の違いが出てきて、関係性が破綻してしまうのです。

さて、ここまででわかるように、コミュニケーションでは**「相手の心は理**

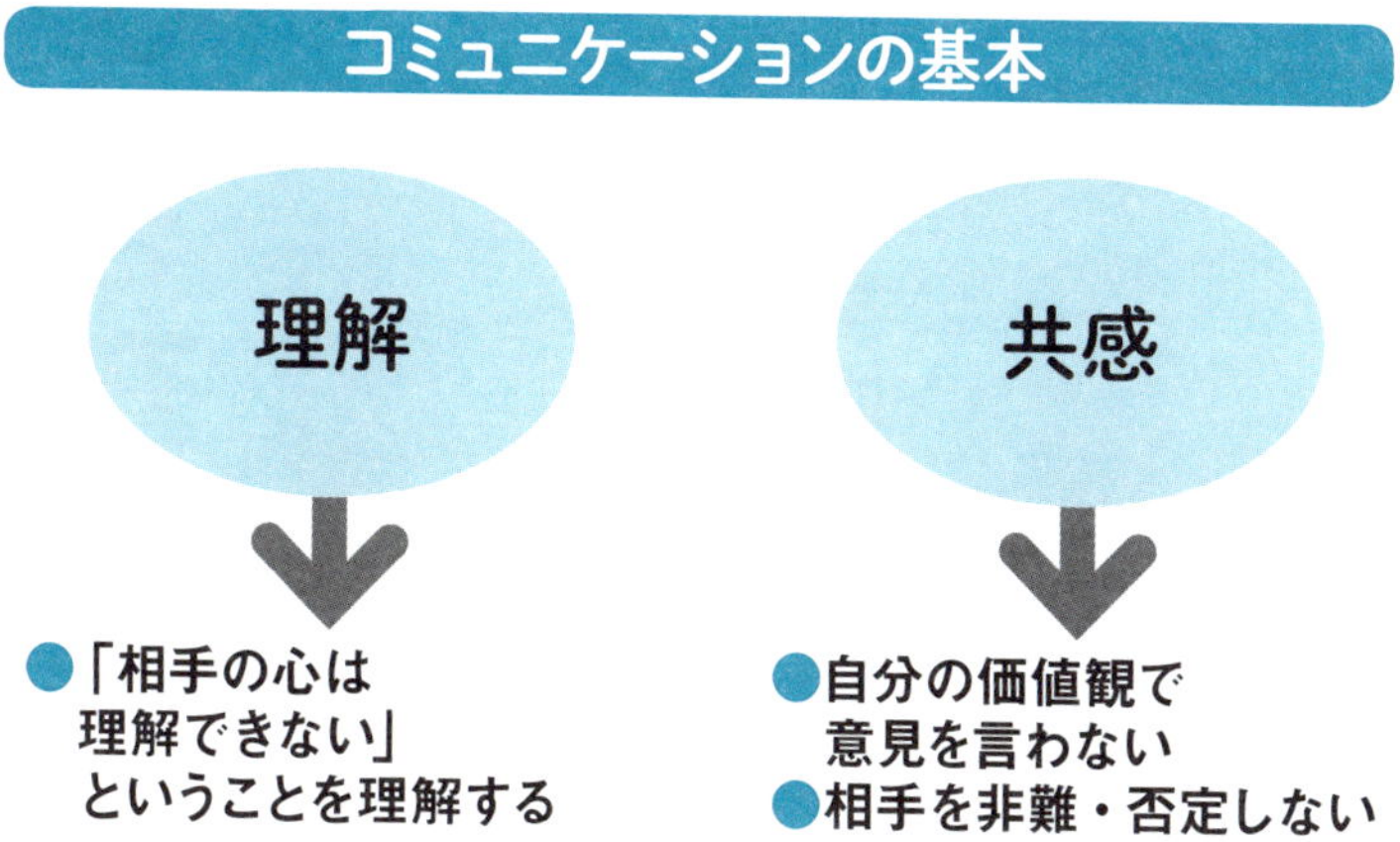
コミュニケーションの基本
理解
共感
「相手の心は
理解できない」
ということを理解する
自分の価値観で
意見を言わない
相手を非難・否定しない

解できない」ということを〝理解〟することが非常に重要になります。

相手を理解しようとせず、あるがままを受け止める。そうすることで、相手は「自分は大切にされている」「自分はかけがえのない人間なんだ」という「自己重要感」をもつことができるようになります。

そして、それこそが相互に強い信頼関係を築く大きなきっかけになっていくのです。コミュニケーションで大切なのは、〝自分の価値観だけで判断しないこと〟〝相手には自分と異なる考え方があること〟を知ることなのです。

03 感情を共有する

取引先から納期を早めるように言われた部下に対するひと言

Good

僕が君の立場だったら、たしかに納得できないかもしれないな。

Bad

決して無理な納期じゃないんじゃないかな。

POINT

相手が感情を表現したときは、その感情を共有し、共感することが大切。

相手の立場になって言葉を投げかける

先に紹介した「共感」の仕方ですが、さらなる上級テクニックがあります。それは**「感情を共有する」「気持ちに寄り添う」**という方法です。たとえば、こんなシチュエーションで考えてみましょう。

取引先から急に納期を早めてほしいと言われ、あなたの部下が困っています。たしかに突然のことではありますが、段取りを組み直せば決して難しい依頼ではありません。そんなときに、仕事を行う当事者である部下の気持ちに寄り添って声をかけてあげましょう。

Ｂａｄのように「決して無理な納期じゃないんじゃないかな」とか「お得意さんなんだから我慢してやってよ」と言ってしまっては、部下は逆に「なんでこの人はわかってくれないんだ」と不満をもってしまいます。

では、Ｇｏｏｄのように「僕が君の立場だったら、たしかに納得できないかもしれないな」と言ってみるとどうでしょうか。「感情を共有」すれば、部下は「そうですよね」と、共感をしてくるはずです。

このように**「相手の立場に立って物を言う」というのは共感の重要テクニック**なのです。まずこちらが共感することで、相手からの共感を得られ、信頼関係ができていくのです。

「なぜ」「どうして」といった単語は極力避ける

ここで、もうひとつ大切なのが「相手を責めないこと」。

「どうして納期に間に合わないんだ」とか「なぜ他のやり方を考えないんだ」といった相手を責める言葉では、部下は瞬時に自己防衛の態勢に入ってしまいます。そして、その後「こういう理由で納期に間に合わない」という自己正当化作業を行うことになるでしょう。

「なぜ」「どうして」といった単語は相手を追い詰めるだけでコミュニケーションの障害になるので使わないようにしましょう。

〝共感〟することで人は動く

NGワード例

なぜ、こんなことができないの?

どうして方法を変えようとしなかったんだ?

「なぜ」「どうして」という「問いただし」は相手を追い詰めることになり、自己防衛に走られたり萎縮されたりするのでNG!

04 礼儀と社会規範を忘れない

部下と食事に行ってなかなか料理が出てこなかったときの店員へのひと言

Good

注文した料理がこないので、確認してもらえますか？

Bad

注文が入っていないならキャンセルします。

POINT

礼儀や社会規範を守ることは、信頼を得るためのキーポイントになる。

部下はあなたの行動を見ている

ある若手社員が上司と食事に行ったときのこと。注文した料理がこないことに上司が激怒。店員を大声で怒鳴りつけました。それを見た若手社員は恥ずかしさを感じ、「この人にはついていけないな」と思ったと言います。

部下は上司の言動を常にチェックしています。他人を見下したり非常識な言動をしたりすることは、信頼を失うどころか「軽蔑」につながります。これはとくに女性社員に顕著で、社会規範や礼儀を知らない人間に対しては「この人は最低」と嫌悪感を抱くケースが多いのです。

じつはこの「軽蔑」「嫌悪感」といったものが人間関係の大きな障害になります。一度、抱かれたマイナスの印象を拭うことは困難です。

「社外の行動と仕事は関係ない」とあなたが思ったとしても、周りはそうは見てくれません。**常に社会規範や礼儀を忘れず行動する。**これこそが「敬意」や「信頼」につながるのです。

05 相手を味方につける

相手のプランではなく
自分のプランを通したいときのひと言

Good

君のプランもいいと思うけど、
今回はこちらのプランのほうが
合っていると思わない？

Bad

君のプランはよくないよ。
私のプランのほうが
うまくいくよ。

POINT

相手の意見を優劣でとらえず、会社にとって有益かどうかで判断しよう。

「優劣」「上下」の尺度は捨ててしまおう

「彼よりも自分のほうが技術は上」「成績では自分が勝っている」——ふだん人や仕事を「優劣」「上下」で見ていませんか？　ビジネスは競争ですから、こうした考えや尺度をもつのは仕方ありません。しかし、**他人と競い合ってばかりいて協力が得られないなら、いずれ仕事は壁に突き当たり挫折してしまいます。**

ここで、ＧｏｏｄとＢａｄの例を比較してみましょう。Ｂａｄは「どちらが良いプランか」という「優劣」を強調した発言で、相手のプランを断定的に否定しています。対するＧｏｏｄは相手のプランを認めたうえで、自分のプランのほうが「今回の目的」に対してよりマッチしている、と推薦しています。

Ｇｏｏｄの発言をすれば、相手は納得したうえで、協力してくれるでしょう。しかし、Ｂａｄの発言をすれば、たとえあなたのプランが通ったとしても相手の協力を得られないでしょうし、人間関係にヒビが入ります。このように2つの発言には大きな差があるのです。

協調性や発展性を重視するのが「横の関係」

この「優劣」「上下」を尺度とした見方や関係を、心理学では「縦の関係」と呼んでいます。「勝ち」や「優位」が正しいとする考え方で、結果的に人に序列を作り出します。

一方、物事を「優劣」で見ず、**課題にとって「有益か否か」「建設的か否か」で判断するのが「横の関係」です。この考え方は競争よりも「協調性」や「発展性」を重視し、人の序列よりも円滑なコミュニケーションが行われる関係の構築を目指します。**

人間は一人では大きな仕事を成し遂げられません。職場は競争よりも協力の場と心得て、横の関係を築いていくべきなのです。そうした関係が構築されることによって社内間のネットワークが強まり、仕事を進めやすい環境が整うわけです。そのため、横の関係を重視することが望まれるのです。

コミュニケーションは「横の関係」を重視

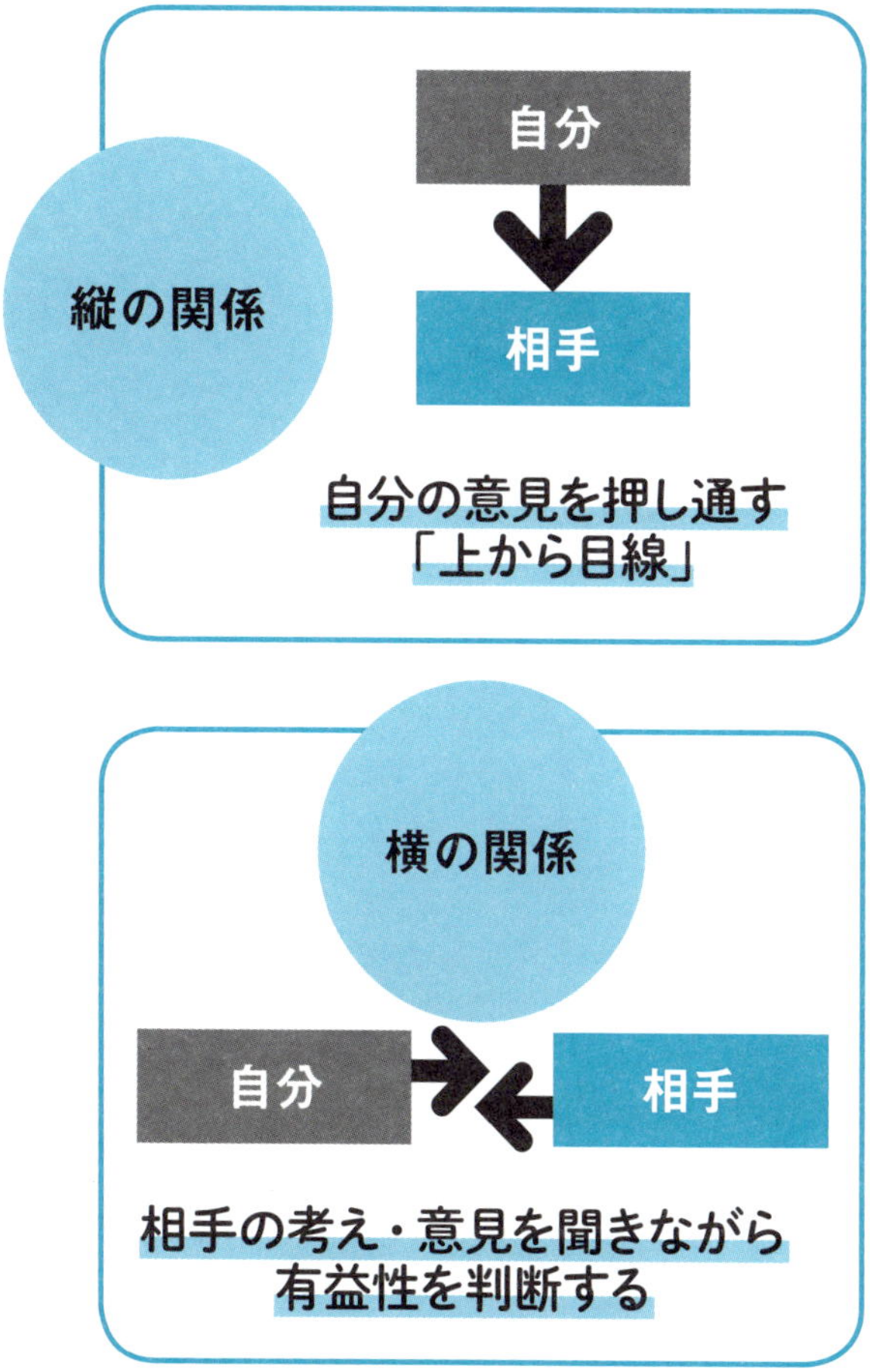

06

自己開示する

部下に仕事の進め方を
相談されたときのひと言

○ Good

以前私も失敗して
周囲に迷惑をかけたんだ。
だから気を付けようね。

× Bad

失敗しないように
気を付けなさい。

POINT

気持ちや情報を開示することで相手は安心する。包み隠さず話しているという姿勢が大事。

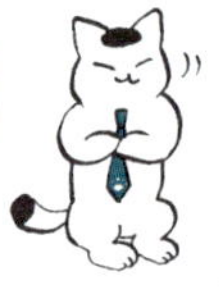

本音を引き出すときは自分から情報開示する

部署異動での新しい上司や、同じチームに配属された新入社員、新規企画での初めての取引先の担当者、交流の浅い相手とのコミュニケーションは誰もが緊張し、会話のとっかかりをつかむのは案外難しいものです。自分も相手も様子をうかがいながらの会話だと話が盛り上がらず、なかなか本心を出すタイミングが見出せないでしょう。

そうした状況を打開するためには、まずは**自分から〝胸襟を開く〟**ことです。つまり、自分の気持ちや本音を相手に伝えるのです。

自分から情報を出すことで、相手の警戒心が解けて情報を引き出しやすくなります。そして、自分や商品の弱点や欠点、短所などをあえて伝えることで、上辺ではなく、本音を話してくれる人という印象をもたせ、信頼を得られるようになります。

仕事だけでなく、プライベートにおいても、初対面の人や親睦を深めたいと思う人と接する機会があれば、まずは自分の情報を与えることを意識しましょう。そうすることで、相手が心を開くか開かないかでは、その後、まったく違った付き合いになります。

「自己開示」を意識して会話の質を高める

このように、**自分の感情を含めた情報を相手に伝えることを「自己開示」といいます。**そして、こちらが開示した情報に対する相手の反応を「自己開示の返報性」といいます。

「客観的な事実」「考え方」「感情」の順によって深い自己開示になり、相手の信頼を得やすくなるでしょう。

相手から本音を引き出したいときには、この「自己開示」の法則を意識して話してみるとよいでしょう。無意識に法則通りの話し方ができるようになれば、コミュニケーションスキルは当然高まります。もちろんそこに達するまでには、意識し続けるしかありません。

相手の本音を引き出すためには?

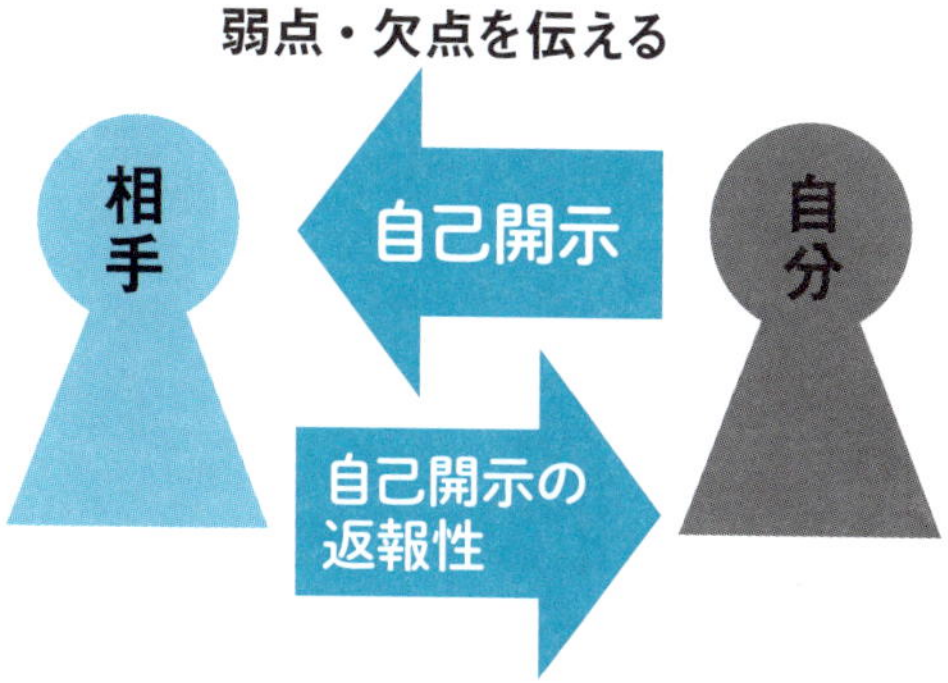

**人は自己開示をしてくれた人に
自分も自己開示で返報したくなる**

効果的な自己開示

①客観的な事実
例：以前に大きな案件が
頓挫したことがありました。

②考え方
例：大きな案件が頓挫して慎重に
すべきだと学びました。

③感情
例：大きな案件が頓挫したときに悔しくて
眠れませんでした。

この順番で話すと信頼を得やすい

07 相手の人格を否定しない

締め切りを守れない人に注意するときのひと言

○ Good

締め切りに間に合わなかったね。迷惑がかかるから気を付けよう。

× Bad

また締め切り破りか。本当におまえはいいかげんな性格だな。

POINT

相手がミスや失敗をした場合は、「行為」だけを切り離して注意しよう。

失敗をネタに人格を否定してはいけない

あなたは職場で「○○だから△△だ」という思考や発言をしていませんか？　右の例でいえばＢａｄがそれに該当するのですが、この場合、相手の「間に合わなかった」という行為で、その人間の性格を「いいかげん」と批判しているわけです。その人にはやむを得ない事情があったのかもしれません。それを頭ごなしに人格を否定してしまっては、相手はやる気が削がれてしまいます。

逆に、Ｇｏｏｄの例のように**「行為」のみを問題にすれば、相手は心を開いてこちらの話を素直に聞き、自分の行いを改善してくれるでしょう。**

「人」と「行為」は別です。もちろん、これらを分離して考えることは簡単なことではありません。ついカッとなって相手を責めることもあるでしょう。しかし、感情に任せて人格を攻撃しても事態の好転はなし。起きた物事に対しての行為を注意することこそが重要なのです。

08 〝感情〟でコントロールしない

同じ間違いを繰り返す部下を指導するときのひと言

○ Good

同じ間違いを繰り返す理由を
一緒に探してみようか。

× Bad

何回同じことを
言わせるんだ！
言われた通りにやれ！

POINT

感情を使って相手を動かそうとはしない。常に客観的にとらえること。

冷静に伝えないと相手は動かない

「何回言ったらわかるんだ！」と感情を爆発させて怒鳴る上司。この場合の怒りは、相手を支配し、思い通りに操作しようとするための手段として使われています。多くの場合、感情はこのように目的をもって作り出され、そして利用されるのです。

赤ん坊は言葉が話せないため、感情を使ってコミュニケーションをします。お腹が減った、といっては泣き、おむつが不快だ、といっては泣き、笑うことで親の関心を引き、食べたくないご飯を口に入れられると怒ります。あらゆる感情を用いて親を操作しているのです。

私たち大人が感情を使うのはこの名残りです。しかし、**私たちは感情を使わなくても「言葉」を使えます。相手の気持ちを読み取り、状況を把握して冷静になって話すことができるでしょう。**感情を使って人を動かすのでは赤ん坊と変わらない未熟な人格ともいえるのです。

09
相手の失敗に対して寛容になる

重要な案件で部下のミスが発覚したときの捉え方

Good

失敗は成功へと至るプロセスだと考える。

Bad

失敗は「してはいけないもの」だと考える。

POINT

失敗した経験も見方を変えると、次に活きる〝教材〟になる。

ミスは前向きに捉えないともったいない

「失敗」という概念には、２つの捉え方があります。ひとつはＢａｄのように「失敗はしてはいけないもの」とする考え方。もうひとつはＧｏｏｄのように「失敗は成功の糧」とする考え方です。

前者は、部下や同僚の失敗に非難や叱責という形で対応します。一方の後者は、**失敗を責めるのでなく、問題の解決策を一緒に考えようという姿勢を表します。**どちらが信頼を集めるかは一目瞭然です。

ところで、このＢａｄタイプにはある特徴があります。それは自分が失敗すると「私はなんてダメな人間なんだ」とネガティブな状態になるということです。逆にＧｏｏｄタイプは「失敗した経験があったから気付けた」と前向きに考えることができます。

このように、Ｇｏｏｄタイプは「自分を許す」ことができるから、他人に対しても寛容になれるわけです。

10 課題を解決する

部下に方針を伝えるときの心得

○ Good

あなたは
どうしたらいいと思いますか？
私はこう思います。

× Bad

私の方針で
進めてください。

POINT

何かを伝えるときには、まず相手に話させ、次に自分が話すようにしよう。

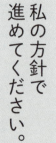

「聞き上手」は「仕事上手」！

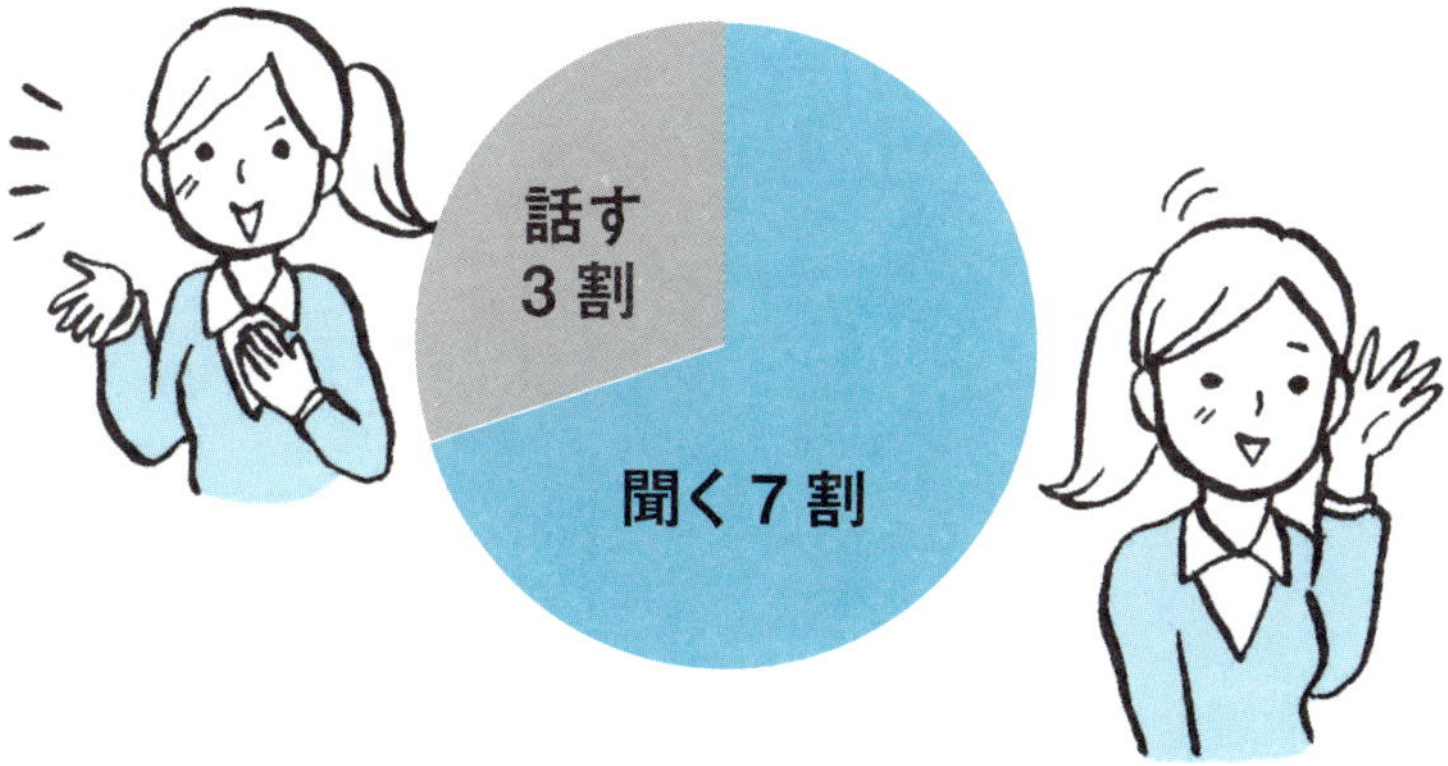

「聞く」ことで信頼を生む

コミュニケーションで大事なことは「話す」ことよりも「聞く」ことです。

トップ営業マンのほとんどは「話し上手」ではなく「聞き上手」だそうです。神様は人間に口を一つ、耳を二つ与えました。これは「話す2倍聞きなさい」という教えだと言われています。

つまり**話すのは3割で、聞くのが7割**と心得ればちょうどいいでしょう。

部下に話を聞いてほしければ、まず部下の話を聞くことから始めましょう。その次に聞いてもらう。この順番です。

11 伝えたいことはシンプルにする

商談で自分の意見を伝えるときの考え方

Good

「何を伝えるか」より「何を伝えないか」を考える。

Bad

一度に多くのメッセージを伝えようと考える。

POINT

プレゼンでは内容をたくさん盛り込まず、できるだけシンプルにしよう。

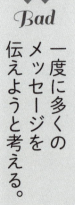

「要約力」を身につければ相手に伝わる！

プレゼンはシンプルに

私たちは、短時間でいかに多くの情報を相手に伝えるかを考えがちです。しかし、これが大間違い。

盛り込む要素が多ければ多いほど散漫になり、話が伝わりにくくなります。逆にシンプルな内容によるプレゼンや商談は、相手の心をつかみやすいです。

余分な要素を省き伝えたい内容を強調するため、相手も理解しやすくなるのです。

日頃から「プレゼンに何を盛り込むか」より**「何をそぎ落とすか」を考えるクセをつける**ようにしましょう。

12
NOの意志を上手に伝える

上司に飲み会に誘われて断るときのひと言

○ Good

お誘いは大変うれしいのですが、残念ながら期日が迫っている仕事があり参加できません。

× Bad

今日は仕事があるのでお断りします。

POINT

単刀直入に断るのではなく、必ずひと言添えて断るようにしよう。

「添える言葉」を増やしておく

多くの外国人は、日本人がはっきりNOと言わないことを不思議に感じるそうです。また「日本人は断り方が下手だ」ということもよくいわれます。それは日本人の性格というよりも、むしろ「断り方」を知らないからではないでしょうか？

たとえば、上司から飲み会の誘いがあったとき、Ｂａｄのように断っては角が立ってしまいますが、Ｇｏｏｄのように**「それはうれしい」とか「ありがとうございます」といった言葉を付け加えると、印象は変わってきます。**また、顧客からの無理な注文といった場面でも「それはできません」と答えるよりは「本当はお力になりたいのですが……」などといった言葉を添えるだけで、相手は納得しやすくなります。

このように、日頃から**「添える言葉」のボキャブラリーを増やしておく**ことをおすすめします。

column1

相手との信頼関係を深めるためには

雑談力で相手を会話に引き込む

同じような内容の話でも、人によって話しやすかったり、逆に話が弾まなかったりすることがあります。これは相手との間に“会話の土台”ができているかどうかで決まります。この“土台”となる信頼関係のことを「ラポール」と呼び、心理学用語で「親密な関係」と訳されます。舗装された道路で車が快適に走れるように、親密な土台があることで会話もスムーズに進むのです。

では、ラポールはどのように築けばよいのでしょうか？　ひとつは「雑談力」です。他愛もない言葉のキャッチボールで場の雰囲気をなごませて、親密な関係になるきっかけを作ります。さらに、下記で紹介しているようなさまざまな手法で、相手を会話に引き込むことができれば、ラポールが徐々に形作られていきます。

親密な関係を築くための手法

ペーシング
話し方や身振りを相手に合わせること。相手の言葉を引用する、話のテンポを合わせるのもいい。

キャリブレーション
姿勢や表情、動作など言語以外のサインで相手の心を読むこと。そのうえで会話を広げていく。

バックトラッキング
相手の言葉をそのままオウム返しして、相手への共感を伝えるテクニック。真剣度も伝わる。

ミラーリング
相手の動作や姿勢をまねること。無意識に相手の共感を得られ、こちらの好意も伝わる。

Part 2

上司・先輩への

「伝達力」の鍛え方

13

上司に意見をきちんと伝える

前方に岩があるときの対処法

○ Good

岩をどけるために
テコを作りましょう。

× Bad

岩が邪魔で通れません。

POINT

他人事ではなく自分事として提案しよう。

「問題」と「課題」は違う

「上司や先輩に自分の意見を言っても聞いてもらえない」と嘆く若手社員が多くいます。これだけを聞いていると、あたかも聞く耳をもたない上司だけが悪いように聞こえますが、本当にそうでしょうか。

若手社員の発言のなかには、意見としての中身がともなっていないものがあります。それは、いわば不平不満の愚痴レベル。提案とはいえません。

問題と課題は別です。問題とは「道路に岩があって前に進めません」という不平不満のレベルです。課題とは「岩をどけるためのテコが必要です」「岩を爆破するためにダイナマイトを買いましょう」「別の道を探すために地図を探しましょう」というレベル。つまり、**具体的に何をどうすれば問題が解決できるかを明確にしたものです。**

課題としての提案をして、初めて上司は聞く耳をもってくれるのです。不平不満の愚痴レベルでは聞いてもらえなくて当然です。

他人事ではなく自分事にする

しかし、それだけではまだ不足です。不平不満ではなく提案をしたとしても、その提案が他人事になっていてはいけません。

たとえば、岩を爆破するために「ダイナマイトが足りません。買ってください」では提案失格です。そうではなく「私が手元にある材料だけでダイナマイトを作ります」もしくは「ダイナマイトを買うにはお金がかかります。私がその分営業してきて売上げを稼ぎます」というように、**他人事ではなく自分事にしてこそ初めて提案と呼べる**のです。

他人事のままで「上司がやってくれない」「上司が意見を聞いてくれない」と言っていては聞いてもらえなくて当然です。それではただ文句を言うだけの「くれない族」と呼ばれてしまうでしょう。

仕事の進め方に不満があるとき、**ただの不平不満ではなく問題を課題に変えること。**そのうえで、さらに**他人事を自分事に変えること。**その2つを成

問題を解決するための提案へ

例：道路の前方に大きな岩があるとき

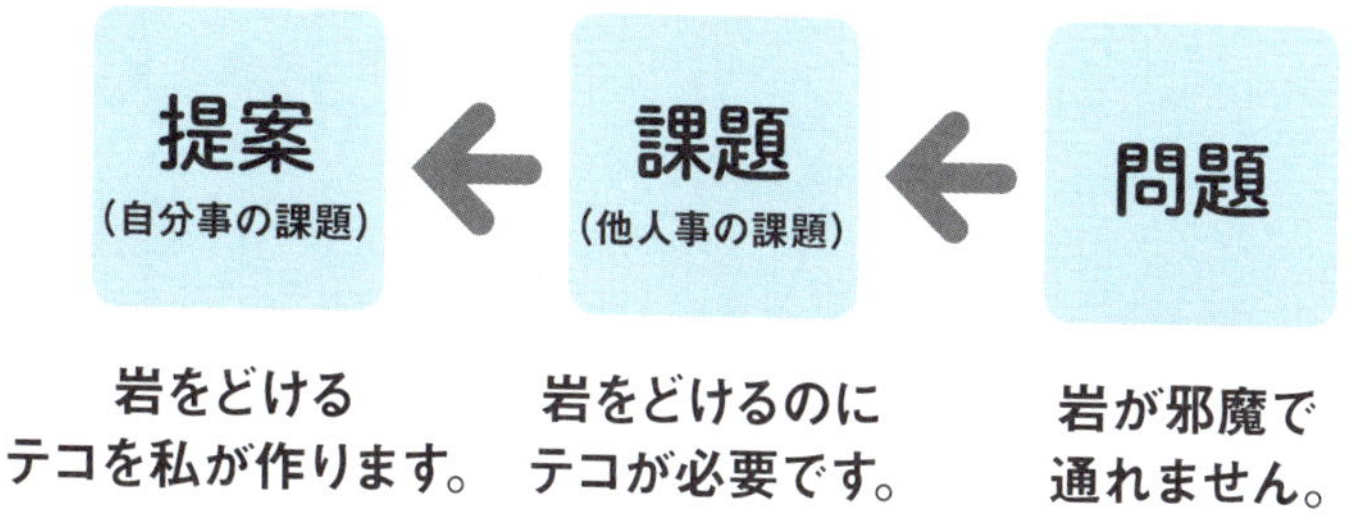
問題
岩が邪魔で通れません。
課題
（他人事の課題）
岩をどけるのにテコが必要です。
提案
（自分事の課題）
岩をどけるテコを私が作ります。

し遂げて初めて上司とのコミュニケーションが成り立つのです。

もしもその２つが「面倒だ」「できない」と思うなら、不満があっても上司の指示に従うべきです。自分が変える、もしくは従う。それがビジネスマンのルールなのです。

もちろん社会では自分事としてとらえられる人が評価されるでしょう。そこには困難がともないますが、克服したときに成長が生まれるのです。

そうした思考と行動パターンができることで、自身の仕事のスキルの向上にも役立つはずです。

14 トラブル報告はスピーディーに

自分のミスで得意先に違う商品が納品されてしまったときの対応法

Good

トラブルが起きてクレームが入りました。申し訳ありません。

Bad

自分で解決させてから報告する。

POINT

トラブルの報告は「早く」「簡潔」に上司に伝えることが大切。

トラブル対応は一にも二にも早く報告する

「契約が白紙になった」「担当者を怒らせてしまった」など、仕事でトラブルが起こったとき、できれば上司に報告したくないな、なんとか自分で解決できないかな、と思うかもしれません。しかし、これは後に上司の怒りを買うことになります。

なによりすぐに報告すること。**トラブルの報告ができるだけ早いと、傷口が浅くてすむ**のです。また、上司は「隠し立てしない人間だな」と思われ、逆にあなたの評価が高まることもあるでしょう。

トラブルやクレーム対応の際は、とにかくスピード勝負です。上司に意見をする際には「問題を課題に変え、さらに他人事を自分事に変えてから行うこと。不平不満ではなく、提案にしてから伝えること」と先に述べましたが、これはトラブル対応には当てはまりません。問題は問題のまま、課題になっていなくてもいいのですぐに報告するのです。もちろん、解決策の提案はあとになって必ずしなければなりません。

そして、素直に過ちを認め、謝ることも大切です。謝れないようでは責任ある仕事は任せられません。弱みを見せまいとするのは逆効果なのです。

日頃から相談するクセをつけておこう

トラブル報告が遅れがちな人の多くは、報告・連絡・相談を「すべてが終わってからしよう」と考えているようです。トラブル直後の報告はもちろんですが、途中経過の段階で報告するクセをつけることが大切です。

たとえば「着手しました」「2割くらい終わりました」「いま半分くらいです」のように、要所、要所で報告をする。そうすることで上司は安心し、都度適切なアドバイスをくれるようになるのです。トラブルを未然に防げることもあるでしょう。

報告・連絡・相談をまめにくれる部下は上司から信頼されます。トラブル対応だけではなく、日頃からまめな報告を心がけましょう。

トラブル対応は報・連・相

段階ごとに報告・連絡・相談

報告・連絡・相談するときは

- すみやかに報告する
- わかりやすく説明する
- 意見を聞く姿勢を見せる

15 上司との信頼関係を築きたいとき

上司からアドバイスをもらったときのひと言

Good

〇〇さんの助言通りやってみました。

Bad

やろうと思っていましたが、まだできていないです。

POINT

上司から信頼を得るためには素直さと約束を守ることが大事。

優秀な人に共通しているのは「素直」であること

上司や先輩から可愛がられる部下になる秘訣は、素直になることです。つまり、上司や先輩から受けた助言を聞き流さず、まずはやってみる。言い訳をしたり、理屈をこねてやらなかったりするのではなく、愚直にやってみることです。

自分がした助言を愚直に実行する部下と、理屈をこねてやらない部下。いったいどちらが可愛いと思いますか？　言わずもがなですね。

一流の人は皆、素直だといわれています。素直じゃない人は応援されません。どんな業界、職種でも自分の力だけで仕事はできません。陰に日向に応援してくれる先輩、上司がいるかいないかでは、働く環境にとても大きな差が出ます。

素直であることとは、裏を返せば相手が大切にしていることや考えを尊重しているともいえるのです。

信頼される秘訣は約束を守ること

上司から信頼されるには、まず約束を守ることです。

そして、ただ素直にやってみるだけでなく「やる」と約束したら期待通り、もしくはそれ以上のことをやりきることです。

また、**約束とは、伝票を提出する、などの単純な作業だけでなく、上司と合意した目標を達成する、といった難易度の高いものも含まれます。** そして、大切なことは、守った約束の大きさではなく回数が評価される、ということ。つまり、目標達成のような大きな難しい約束だけでなく、書類提出のような簡単な単純作業も同じく大切だということです。

上司は部下を選びます。信頼できる部下には重要な仕事を与え、信頼できない部下には雑用を頼むでしょう。信頼できる部下の意見には耳を傾けますが、信頼できない部下が何を提案しても聞く耳をもたないかもしれません。

このように可愛がられ、信頼される部下になった人と、その逆の人とでは、

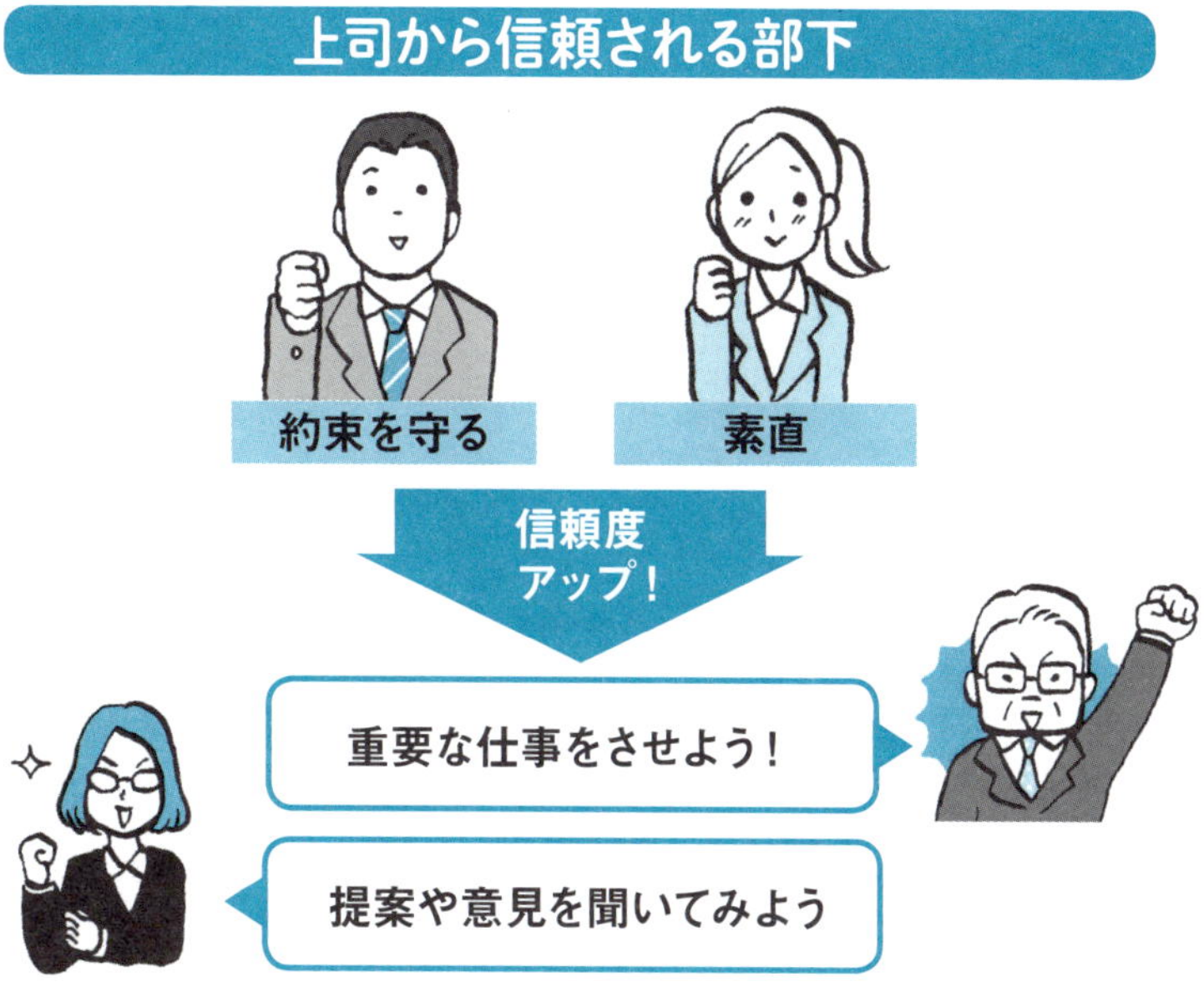
上司から信頼される部下
約束を守る
素直
信頼度
アップ！
重要な仕事をさせよう！
提案や意見を聞いてみよう

キャリアアップにおいても天と地ほどの差がつくことでしょう。

この約束については、職場内にかぎったことではありません。取引先などの仕事関係者に対しても同様です。

会社から一歩外に出れば、あなたは会社の顔になるのですから、約束に対しての責任はより大きなものとなるでしょう。

16 相手の気分を害さずに否定（反論）する

先輩の指示が前回と違ったときのひと言

○ Good

私の勘違いかもしれませんが、もしかしたら先週と方針が変わりましたか？

× Bad

先週と言ってることが違いますよね？

POINT

上司や先輩に反論や意見をするときにはクッション言葉を使おう。

クッション言葉で人間関係を円滑にする

クッション言葉を使う

上司や先輩の言っていることが違っていると思ったとき、Ｂａｄのようにあからさまに反論すると衝突は避けられません。そうした状況を回避するには「クッション言葉」を使う必要があります。

クッション言葉とは、Ｇｏｏｄの「もしかしたら～」のようにひと言付け加えることで会話の調子を和らげる言葉です。

他に「～といった考え方があります」や「勝手言ってすみませんが」などもこのクッション言葉。上手に使うことで人間関係が円滑になります。

17 苦手な上司・先輩とのつきあい方

目上の人の言動がストレスになるときの受け止め方

○ *Good*

「口うるさいのは私に期待しているから」とポジティブに捉える。

× *Bad*

適当に相づちを打ってかわす。

POINT

苦手な人間に対してはアラ探しをしてしまいがちなので、視点を変えよう。

自分を正当化する情報集めはやめる

社内には「やたら口うるさい上司」や「何かと細かい先輩」など、必ず一人くらいは苦手な人間がいるものです。他部署なら近寄らなければすみますが、仕事がからむとなると無視もできません。いったいどう付き合っていけばよいのでしょうか？

まず知っておくことは、**人間は「嫌いな相手」に対しては、さらに「嫌いになる」情報を集める、という性質**です。たとえば「あの部長は口うるさいな」と一度思うと、続いて「よく見るとなんか不潔だ」「二面性がある人だな」といったように相手のアラ探しをするようになってしまうのです。これではますます相手が嫌いになり、コミュニケーションを図るのも嫌になってしまいます。

相手のマイナス情報を集めてしまうのは「自己正当化」の働きです。つまり「相手が間違っている」「嫌いだ」と感じると、それを正当化するための情報をさらに集めてしまうわけです。

人と自分は違うことを頭に入れておく

どんな人間にも長所はあるはずです。意識的に苦手な人の「良い部分」を探してみてはどうでしょうか？

「先輩は時間にはルーズだけど発想力があるな」とか、「部長はすぐ怒鳴るけど面倒見がいいな」といった具合です。必ずいくつか見つかります。

このように「良いところ探し」をすれば、自然と相手に対する苦手意識が消えていきます。そうなれば相手に対してもポジティブな発言ができるようになり、コミュニケーションも良好になっていきます。

人は「嫌われている」ということに意外と敏感です。相手が逆にあなたを嫌う前に対策をとっておくことが大事でしょう。

さらにもうひとつ「自分と他人は違う」ということも念頭におく必要があります。

相手の長所を見つける

自分と違うから「否定」するのではなく、相手をそのまま受け入れることが大切なのです。

相手をあるがままに受け入れることができるようになれば、相手の性格の良い部分が見えるようになります。

苦手な人間がいるというのは苦痛の原因になります。誰に対しても苦手意識をなくすことで、あなたの人間関係はより豊かなものになるでしょう。相手の良いところ探しが得意になることで、相手との会話が楽しくなるはずです。

18

「知らない」ということを認める

取引先との商談で知らない話が出てきたときの反応の仕方

Good

勉強不足で恐縮なのですが、
教えていただけますでしょうか？

Bad

ああ、それですね。
もちろん、
わかっていますよ。

POINT

「知らないこと」を恥ずかしがらずに、思い切って聞いてみる。

「知らない」と正直に認めることも大切

会話のなかで自分の知らないことが出てきたとき「バカにされる」「自分が低く見られる」という理由で、Ｂａｄのように「知ったかぶり」をする人が多いようです。しかし、それでは知らなかったことが判明したときに仕事において信頼を失ってしまいます。

大事なのは、Ｇｏｏｄのように**「知らない」ということを正直に認めてしまうこと。**私たちが商談で出た話題のすべてを理解しておくことは不可能です。その場合は、正直にわからないことを伝え「教えてください」とお願いするのです。それが信頼につながり、または話が具体的に進むはずです。

こちらが興味をもち「学びたい」という姿勢を示せば、取引先は喜んで教えてくれることでしょう。正直に、誠実に、謙虚な姿勢で接することが大切です。また、知らない知識や情報をどんどん吸収するという意欲があるだけでも、自身の成長につながります。

一生懸命学ぼうとする姿勢を見せる

ただし「知らない」を伝えるときにはテクニックが必要です。まず**「自分が一生懸命学ぼうとしている」ということを相手にわかってもらわなければなりません。**そのためにはメモをとったり、「この点をもっと詳しく教えていただけませんか？」と質問したりするなど、相手に積極的な姿勢を見せることが大切です。

また「知らない」ということを伝えるときは、Ｇｏｏｄのように「勉強不足で恐縮です」などの言葉を付け加えるのもよいでしょう。そして説明が終わったあとは、必ず「ありがとうございます」と感謝することを忘れないようにしましょう。「教える」という行為を嫌がる人は意外に少ないです。さらに感謝されれば気分はよくなるはずです。このように、正直に誠実に相手と接することで上司や先輩からは「素直な人間だな」と可愛がられることになり、またあなたの知識量もどんどん増えていくのです。

知らないことをすぐに聞く人は成長が早い！

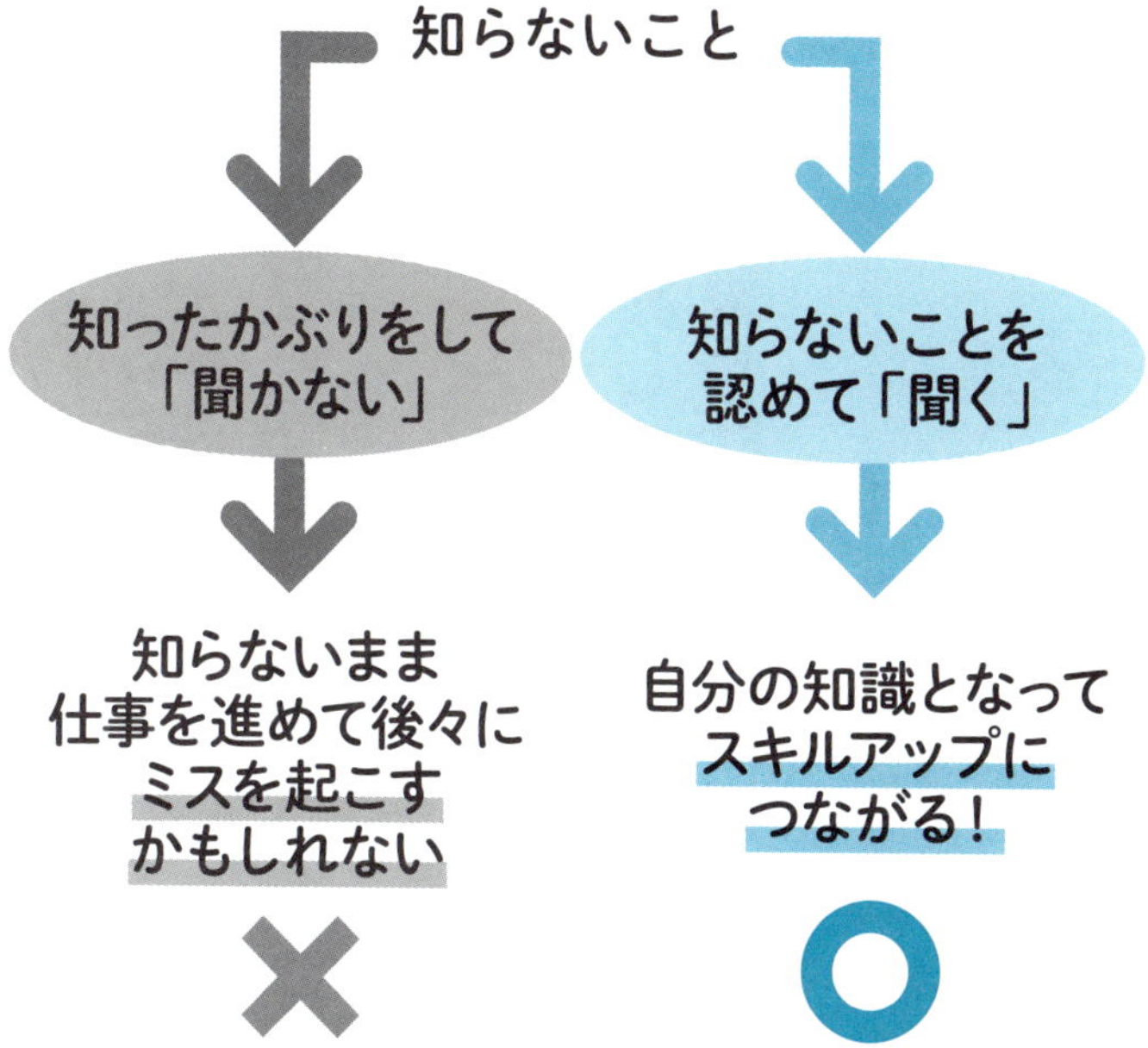
知らないこと
知ったかぶりをして「聞かない」
知らないことを認めて「聞く」
知らないまま仕事を進めて後々にミスを起こすかもしれない
自分の知識となってスキルアップにつながる！
×
○

聞くときの姿勢

- 大事な要件は必ずメモをとる
- わからないと思ったところは質問する
- 質問する前に「勉強不足で恐縮ですが」などのひと言を加える
- 教えてもらったあとは感謝の言葉を添える

19 ミスをしたときの効果的な謝罪

自分の計算違いで見積金額が大きく違い、得意先が怒ってしまった場合

Good

冷静に謝罪して状況を説明する。さらに対策や防止策を伝える。

Bad

ひたすら謝罪する。

POINT

ミスを指摘されたら、謝罪、説明、提案の3ステップで対応してみよう。

謝罪するだけでなく原因を説明する

38ページでは他人の失敗に対する考え方を紹介しましたが、それでは、自分がミスしたときにはどのように動けばいいでしょうか？

「なんでミスしてしまったのだろう。ダメな人間だ」とただ後悔するだけでは、その後の行動もネガティブなものになり、ますます評価を下げることになります。ミスしてしまった事実を客観的に認めて、なぜそのようなことになってしまったのかを振り返ることが大事です。

そのうえでポジティブに対策を考えていくのがベストです。具体的には**「謝罪、説明、提案」の3ステップで対処していく**とよいでしょう。

この3ステップを踏むには、なにより謝罪を成立させること。**まずは言い訳をせず誠実に「謝罪」することが大切**です。

「この度は本当に申し訳ございません」「今後このようなことがないように徹底いたします」など真摯な態度で謝りましょう。

対応策が浮かばないときには場を改める

次に「説明」です。**どうしてこうなったのか、経緯・原因を丁寧に説明しましょう。そのときには必要以上にへりくだらず、冷静に説明することを心がけます。**

ただし説明には例外があります。それは相手が激怒しているときです。これは謝罪が成立していない状態です。そのような状態では、相手はこちらの言うことに対して聞く耳をもちません。相手が激怒しているときは、相手が納得するまで話を聞き、こちらは説明を控えるのがよいでしょう。

そして最後に「提案」。**ミスによって発生した問題をどのように回復していくのか、また今後の防止策も提案します。**すぐに対応策を提案できない場合は「対策を考えますので、少しお時間をください」と断って改めて提案するようにします。誠実な謝罪から、経緯と原因の説明、今後の対応を提案するというプロセスを踏むことが信頼回復のプロセスです。

謝罪の基本3ステップ

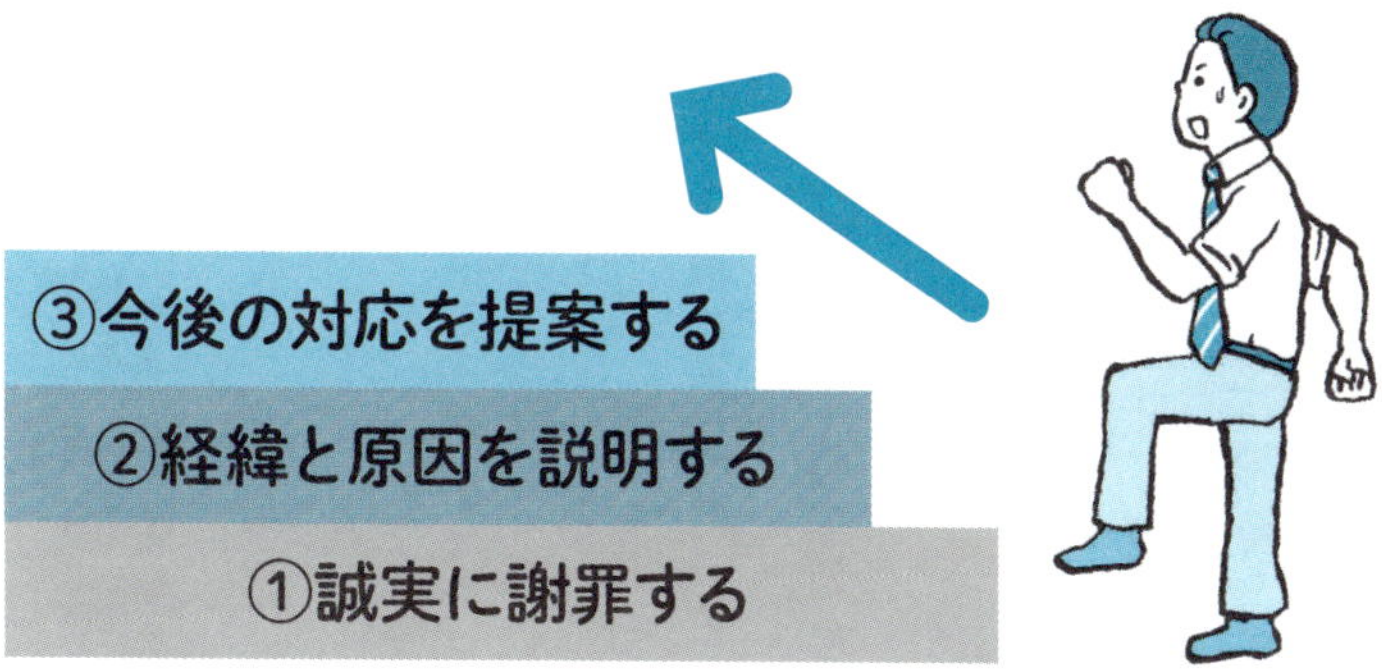
③今後の対応を提案する
②経緯と原因を説明する
①誠実に謝罪する

1. 謝罪

真摯な態度で謝り、言い訳をしないことが鉄則。

2. 説明

経緯と原因を丁寧に説明する。

相手が感情的な態度でも冷静でいること。

3. 提案

これからの対応と、今後同じことを繰り返さないための防止策を提案する。

20

角を立てずに意見を述べる

会議で反対意見を述べるときの言い回し

○ Good

「〜はどうでしょう？」と提案しながら意見を言う。

× Bad

「絶対に〜がいいと思います」と断定的に話す。

POINT

意見を述べるときは必ず前置きをして、断定ではなく提案の形で話そう。

断定せず、相手が意見する余地を作る

反論するときの話し方については60ページで紹介しましたが、これは上司や先輩に「意見を述べる」ときでも同じです。最初に必ずひと言付け加えるようにしましょう。

たとえば「生意気かもしれませんが」「私が意見を言うのは僭越《せんえつ》ですが」などと、**相手を尊敬した表現で話し始めれば、相手は違和感なくこちらに耳を傾けてくれる**はずです。

次に、断定ではなく提案の形で話すことが効果的です。

「場合によってはこんなやり方もあるのではないでしょうか？」

「その案には及ばないかもしれませんが、こちらはどうでしょう？」

などと相手に「選んでもらう」ように話を進めます。

ただし、必要以上にへりくだるのは逆効果。「何か思惑があるのかな」と相手の警戒心を生んでしまうからです。

21 仕事の優先順位を決める

複数の上司から仕事を頼まれたときの対応法

○ Good

どの仕事の重要度が高いのかを各上司に必ず確認する。

× Bad

役職の高い上司の仕事を優先させる。

POINT

仕事は常に「重要度」「優先度」を確認し、上司と共通認識をもつ。

上司と仕事に対する「共通認識」をもつ

「書類の整理やっておいてくれないかな?」

「報告書を早めに提出してね」

――上司や先輩はこちらの都合を考慮せず、さまざまな仕事を頼んできます。そこで困るのが、どの仕事を優先し、どれを後回しにするかということです。順番を誤ると「まだ報告書できてないの? 書類整理なんてあとでいいじゃない」といった認識のズレが発生してしまいます。

こういった場合の対応策として、**日頃から仕事の優先度、重要度を確認するクセをつけましょう。**

「先輩、先週おっしゃっていた企画書の提出ですが、会議の準備後でもよいですか?」

といったように、確認するだけで仕事がスムーズにはかどります。

このように、上司や先輩とは**仕事に対する「共通認識」をもつことが大切**

なのです。仕事の優先度や重要度を常に認識しておくことは、仕事を効率的にスピード感をもって進めるためにも有効です。

仕事を3つに分類する

仕事は左記のように3つの種類に分けることができます。

1 緊急かつ重要な仕事
2 緊急ではないが重要な仕事
3 緊急だが重要ではない仕事

たとえば、1は「クレームに対する対応」「仕事の失敗に対する対応」などが該当します。2は「新商品開発」「担当業務に関する研究や勉強」など。3はいわゆる「雑用」です。

1に関しては即対応するべきですが、2と3に関しては、後回しにした結果、意外とおろそかになりがちです。こうした場合は、一度上司と確認し合い、業務進行を共有しておくこと。「やることリスト」を作って空き時間を

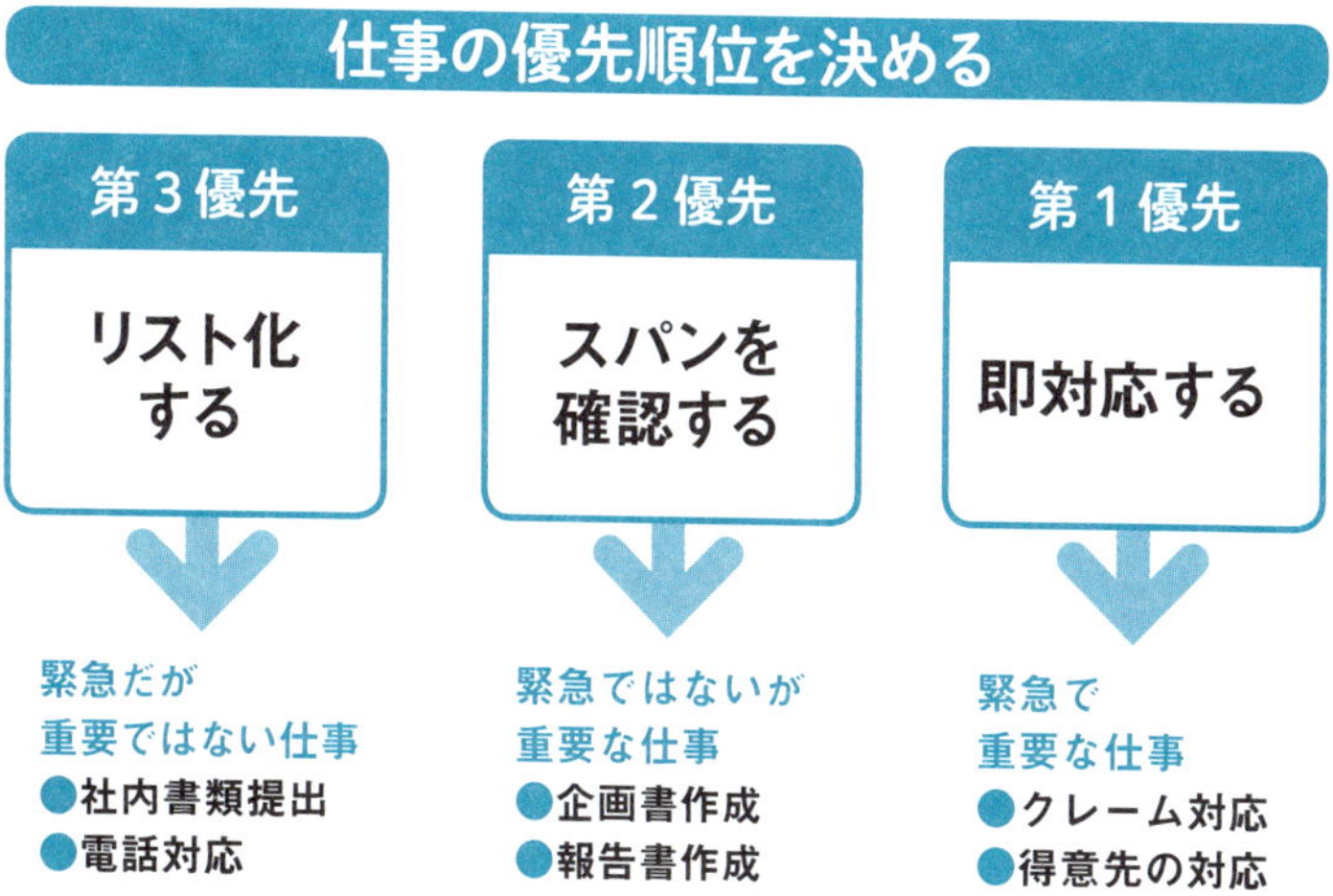
仕事の優先順位を決める
第１優先
即対応する
緊急で
重要な仕事
●クレーム対応
●得意先の対応
第２優先
スパンを確認する
緊急ではないが
重要な仕事
●企画書作成
●報告書作成
第３優先
リスト化する
緊急だが
重要ではない仕事
●社内書類提出
●電話対応

有効に使うのもよい手法です。

２に関しては、緊急ではないということをニュアンスとしてとらえず、一年なのか、半年なのか、三ヵ月なのか、具体的な時間軸にして上司と確認することが大切です。また、それがどの程度重要なのか、も確認しておくとよいでしょう。

仕事は日々変化し、ついこの間まで緊急性のなかったものが緊急案件に変わることもあります。**ある程度時間が経過した時点で、もう一度上司と緊急性の度合いを確認しておくと万全**です。

22

上司に仕事の状況をわかりやすく伝える

業務のヘルプをお願いしたいときのアクション

Good

現状以外に「背景」も説明し、ヘルプを求める。

Bad

現状を伝えてヘルプの必要性を訴える。

POINT

相手に話をするときは「背景」も一緒に伝えて全体像を提示するとよい。

「背景」を説明することで相手は納得する

部下が上司に「説明」をする場面は数多くあります。ところが、部下のなかには「結論」だけを上司に伝え、「背景」を説明しない人が多いように見受けられます。たとえば、このようなことが挙げられます。

「顧客からの問い合わせが集中していて、部内の人間では対処できないので人員を増やしていただけませんか」

このように、部下が上司に直訴したとします。これに対し上司は「人員を増やす予算がないので、いまはなんとか部内の人間で対応してくれ」と応答するかもしれません。ここで背景を説明してみてはどうでしょう。

「問い合わせの内容は、春に発売される新商品に関することが多いのです。発売前の大切な時期で、今後の販売促進にも影響が出ますので、対応面の強化をお願いできないでしょうか」

これなら**上司は前向きに具体的な対応策を考えざるを得なくなる**でしょう。

「全体像」を見せることで理解しやすくなる

「背景」を説明することは、相手に「全体像」を提示することにもつながります。人間は頭のなかに「全体像」があると安心します。逆に結論や各論だけを話されると、その話が全体のどこに位置しているかわからず、ストレスを感じてしまいます。

そのため、**相手に話を理解してもらうためには「背景」を話すことは必要不可欠です。**

これは、対上司だけにかぎりません。顧客からのクレームに対応するときや取引先に納期の延期をお願いするときなどにも使えるテクニックです。

また当然のことですが、背景を説明するときには説明する側も全体像を十分に理解しておかなければなりません。頭のなかだけでは整理できない場合は、紙に目的、過程、問題点などの背景をを図式化して書き出しておくとよいでしょう。相手に伝えるときの資料として役立つはずです。

状況を把握するために書き出す

【いま起こっていること】

●問い合わせが多く、すべてに対応できない

●その影響でクレームも多発している

→問い合わせの内容は新商品に関することであり、
　3ヵ月後に新商品がリリースされたら
　ますます対応が困難になる

【対策】

今後も問い合わせが増えることが
予想されることを上司に報告し、
人員を増やしてもらう

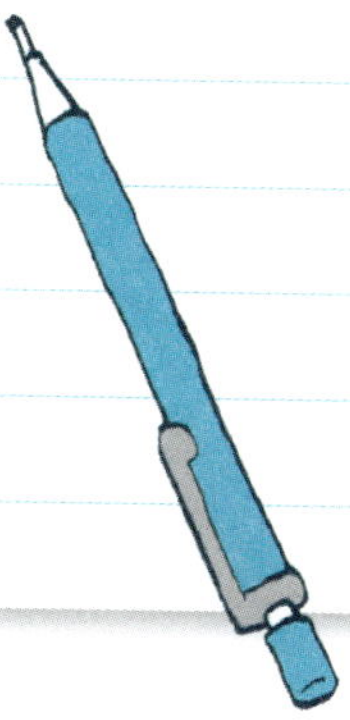

23

無理難題からうまく立ち回る

上司から難しい案件の処理を依頼されたときのひと言

○ Good

わかりました。ただ、対策を相談しながら進めてよいですか？

× Bad

別の案件にとりかかっているので難しいです。

POINT

無理難題を拒否しても、逆に強引に押し切られるだけなので要注意。

「受け入れる」ことで解決策が見えてくる

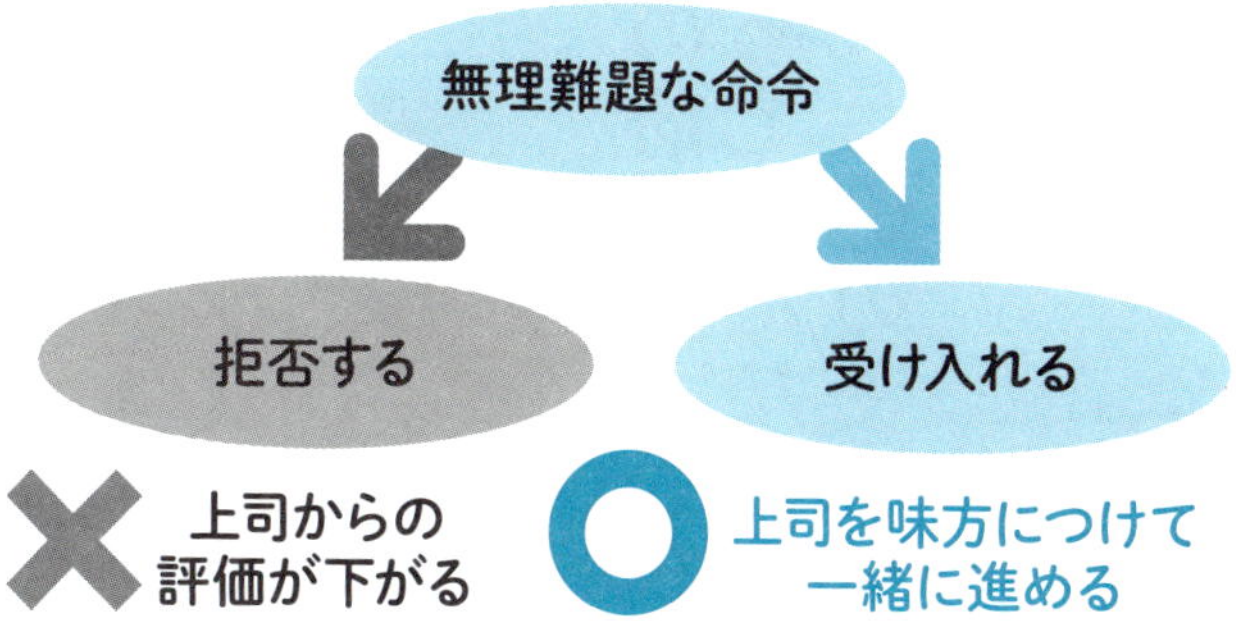
無理難題な命令
拒否する
受け入れる
上司からの
評価が下がる
上司を味方につけて
一緒に進める

解決策を導き出す

会社は「矛盾だらけ」の場所。「売上げは伸ばしたいが、経費は抑えたい」などといったように、上司は下の人間が納得できないことを平気で要求してきます。これに対して真っ向から反論しても発展はありません。

むしろ**「無理難題は当たり前」と考え、一度受け入れてみるのも手**です。そのうえで「わかりました。ただ、そのままだとうまくいかないので対策をご相談してもいいですか？」と提案してみるのです。

24 感情的にならずに気持ちを伝える

上司に決断を求めるときのアプローチの仕方

Good

この前の案、どちらでいくか決めていただけるとうれしいのですが。

Bad

この前の案ですが、どちらでいくか早く決めてください！

POINT

上司に決断を迫るときは、自分がどんな気持ちなのか、静かに伝えてみよう。

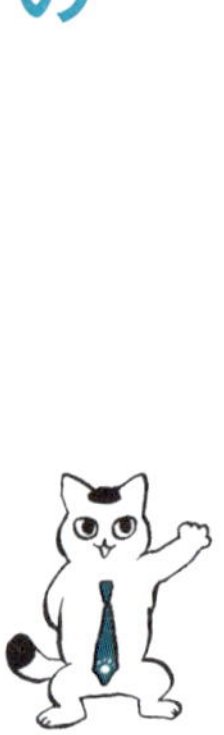

冷静さを保ちながら建設的に話し合う

上司も人間なので、なかには優柔不断な人もいます。こうしたタイプには、つい「早く決めてください！」と感情的になってしまいますが、それでは相手は気分を害され、逆効果になります。

大事なのは**「感情的にならずに気持ちを伝える」**こと。Ｇｏｏｄのように「決めてもらえると私はうれしい」と伝えれば角が立たず、相手に決断を求めることができるのです。

また他にも「方針が決まらないので、仕事が進まず困っています」と、ネガティブな感情を付け加える手もあります。

コミュニケーションは一種のキャッチボールです。あなたが感情的になれば、相手も感情的になって反論してきます。逆に**冷静になって言いたいことや気持ちを伝えれば、相手の冷静さも保たれ、建設的な話し合いができる**わけです。

25 経営者感覚を身につける

設備投資をするか否かを決断するときの考え方

○ Good

費用対効果や中長期のことなど〝未来〟を見越して考える。

× Bad

自分たちの〝現在〟の都合を中心に考える。

POINT

自分の仕事や待遇だけでなく、会社の売上げや人事にも注目しよう。

経営者になったつもりで仕事を考える

立場を変えて物事を見る

他人の共感を得る方法は「相手の目」で見て、「相手の耳」で聞き、「相手の心」で感じること。その点で、**上司とのコミュニケーションでは「上司の視点で考える」ということが大切**です。

これをさらに発展させれば「経営者の視点で考える」ということになります。たとえば、社員は新しいシステムを導入すれば、効率的に作業が進むと考えていたとします。しかし「経営者の視点」から見ると、コストの問題など、違った観点から物事が見えるようになるのです。

column2

伝え上手になるためには

用件だけ話し、あとからメールで詳細を伝える

　大事なことを相手に伝えようとするとき、私たちはなるべく時間をかけてじっくりと説明したいと考えます。しかし、場合によっては、相手が忙しいといってなかなか十分な時間をとってもらえないこともあります。説明を受ける側は、話し手の意向とは逆に、できるだけ簡潔にわかりやすく説明してほしいと考えます。

　このギャップを埋め、相手に確実に話したいことを伝えるために「1分間トーク」という手法があります。話したいポイントを1分以内で話せるようにまとめ、立ち話で相手に伝えるのです。さらに続いて「詳しくはメールします」と伝えます。

　このように「立ち話＋メール」など複数の伝達手法を組み合わせることで「伝え上手」になることができます。

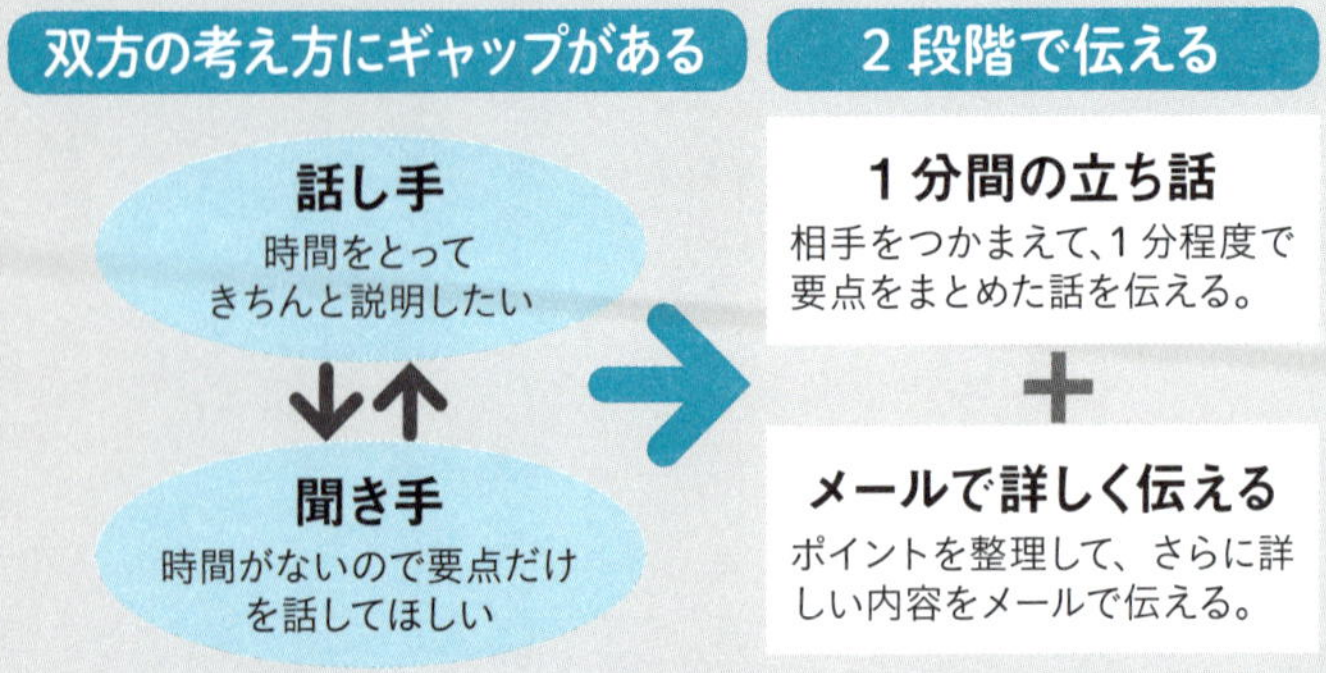

双方の考え方にギャップがある
話し手
時間をとって
きちんと説明したい
聞き手
時間がないので要点だけ
を話してほしい
2段階で伝える
1分間の立ち話
相手をつかまえて、1分程度で
要点をまとめた話を伝える。
＋
メールで詳しく伝える
ポイントを整理して、さらに詳
しい内容をメールで伝える。

Part 3

部下・後輩への

効果的な「伝達力」

26

部下をマネジメントする

やる気のない部下の対処法

○ Good

自分では動かず、あえて部下に仕事を任せる。

× Bad

自ら動いている姿を見せて結果を出してあげる。

POINT

上司の仕事は「自らが結果を出すこと」ではないと心得よう。

上司は「他人を通じて結果を出す」もの

ここからは対部下、後輩に対する「伝え方・伝わり方」を解説していきましょう。まず上司であるあなたが、もっとも意識しなければならないことがあります。

それは**「上司は自分で結果を出すのではなく、他人を通じて結果を出す」**ということです。

職場というものはひとつの「チーム」であり、上司はこれをマネジメントする立場にあります。しかしながら上司が部下に仕事を任せず、自らこなしてしまうようでは本末転倒だと言わざるを得ません。

マネジメントを忘れた上司の行動は部下を意気消沈させ、やる気や自信をなくさせます。逆にできる上司は部下の潜在能力を引き出し、最大限のパフォーマンスを実現するのです。

あなたが変われば部下も変わる

上司は部下の「応援団」です。メインの仕事は「部下を育てること」

部下が変わる手助けをしたり、やる気を出させたり、そのマネジメント業務は多岐にわたります。

そして、そうした仕事で重要になってくるのが「コミュニケーション能力」です。指示、注意、自分が思っていること、会社の方針といったものを効果的に伝えなければなりません。これがうまくいかないとコミュニケーションがとれず、仕事にも支障が出てきてしまいます。

この章では「部下との信頼関係の築き方」「仕事の任せ方」「具体的なコミュニケーションのとり方」などを中心に話を進めていきます。

部下がダメなのは、あなたにも責任があります。

つまり、あなた自身を改善すれば部下が劇的に変わるのです。

上司の最大の仕事は「部下を育てること」

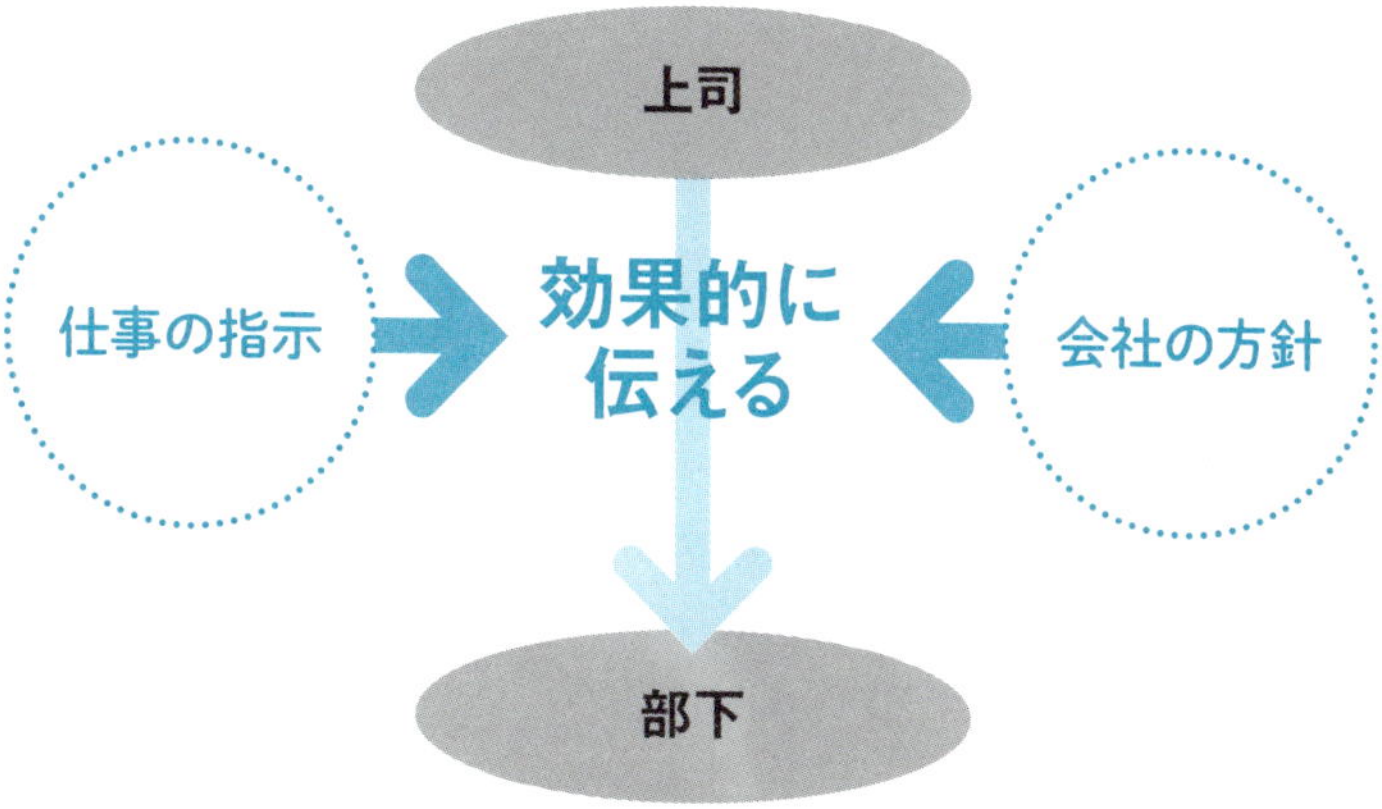

上司は自ら仕事を進めるのではなく、
部下に指示を出して仕事を進めること

覚えておきたいこと

- 部下にやる気や自信を出させる
- 部下の潜在能力を引き出す

27

客観的な〝基軸〟で部下を評価する

部下に目標を与えるときの伝達方法

○ Good

評価される目標設定とその意図を部下に丁寧に説明する。

× Bad

評価の目安となる目標設定のみを部下に伝える。

POINT

部下を育てるには部下の仕事を客観的システムで評価する必要がある。

客観的な評価をしていると部下に理解させる

人事考課を共有する

部下を育てるには、部下の仕事を正しく評価する必要があります。そのためには上司と部下との間で、評価の〝基軸〟を明確にすることが大切です。

上司が部下に対して目標と、その目標を達成させる目的をきちんと伝えます。

目標を達成したときは「人事考課」で高い考課点をつけ、達成できなかったときは低い考課点になってしまうことを明確に伝えておくのです。

部下が客観的な基軸によって評価されていると感じられるようにします。

28 仕事の〝裁量〟を適切に行う

部下への仕事の任せ方に悩んだとき

○ Good

ある程度仕事を任せ
目標達成を守らせる。

× Bad

部下を自分の
手足のように使う。

POINT

部下に本来の力を発揮させるには、ある程度の放任をすること。

思い通りに動く部下はいない

部署やチーム間で目標を設定したところで、その後の上司の行動には2つのタイプがあります。ひとつは「部下に自分の仕事のやり方を押し付けようとするタイプ」。そして、もうひとつは「仕事のやり方は部下に任せる」タイプです。

前者は部下に仕事を任せるどころか手足のように使う可能性もあり、部下は窮屈に感じ、本来の能力を発揮することができません。

一方、後者は部下が失敗してしまう心配はあるものの、**部下を信頼して仕事をさせ、中長期的に見れば成果を発揮できる**でしょう。

上司の「思い通りに動く部下」などはいません。そのため、上司は部下を自分のコピーのように扱うのではなく、**仕事の裁量はできるだけ任せて、ゴール、つまり目標だけは妥協しないという姿勢をとることが重要**です。ただし「任せ方」にはコツがあります。そのコツは次項で詳しく述べます。

29 信頼関係を築くための面談

部下が安心して仕事に取り組むためにすべきこと

○ Good

毎週「定例面談」を設けて部下の仕事の進捗や悩みを聞く。

✕ Bad

部下から相談を持ちかけられるまで待っている。

POINT

信頼関係を築くには、部下と接触する機会を増やすことが重要。

面談で部下の意見を聞き出す

“傾聴”を意識した面談を行う

前項では「部下に仕事を任せることの重要性」について話しました。しかし、完全な放任主義でよいかといえば、そうではありません。**任せた仕事の軌道修正や部下の不安の解消を早め早めにする必要があります。**そのために「定例面談」という方法が有効です。これは毎週15分程度、部下と面談を行うものです。

その際は細かい指示を出すのではなく「何か困ったことはないか?」など「聞く」ことを重視します。上司が部下を呼び出したり尻を叩いたりすれば、自主性がなくなります。だからこそ、定例的な面談で確認することが有効なのです。

30

部下をほめず、勇気づける

部下が書類を提出してきたときのひと言

○ *Good*

今回の書類はわかりやすくて工夫がされているね。

× *Bad*

偉いね、やればできるじゃない。

POINT

部下を「ほめる」という行為は相手に上下関係を感じさせるので要注意。

部下との間に不要な距離感が生まれてしまう

部下に対して「よくがんばった、偉い」といった「ほめる」という行為。これは誰しもがよかれと思って行いますが、じつはそこに大きな落とし穴があります。

「ほめる」という行為は上下関係、すなわち相手に「縦の関係」（28ページ参照）をすり込むことになるのです。

たとえば、日常で目上の人をほめることはないでしょう。ほめる対象は常に目下の者です。部下も無意識的に理解しており、ほめ言葉を「上から目線の発言」と感じています。

これは、部下と上司の間に不必要な距離を作るばかりか、ときには「こんなにほめるなんて、自分は元々期待されてなかったのかな……」と、部下に劣等感を覚えさせることもあるのです。せっかくやる気を出させようと思った発言が、思わぬ受け取られ方をされ、逆効果を生んでしまうわけです。

「ほめる」のではなく「勇気づけ」をする

「ほめる」という行為は縦の関係から生まれるものなので、本質的に〝相手を支配する〟〝コントロールする〟という性格をもっています。部下のマネジメントをするときには「ほめる」ことの性質を理解しておきましょう。

大切なのは部下の気持ちが前向きになること。それは勇気づけることです。そのためには、**相手を操作するのではなく共感する意識をもつこと。つまり「ほめる」のではなく「喜ぶ」**のです。

たとえば、部下が素晴らしい企画書を上げてきたときには、「やればできるじゃない」と結果に対してほめるのではなく、「今回の企画書にはさまざまな工夫を取り入れたんだね」とプロセスに対して「喜び」「共感」するのです。そこには感謝の意味も含まれています。

「ありがとう」「勉強になったよ」「みんなが喜ぶよ」と相手が誰かのために貢献している、ということを伝えるのも「勇気づけ」になるでしょう。

「ほめ方」にもコツがある

✕ 人物や性格をほめるのは「上から目線」になる

○ 仕事内容やプロセスをほめることが大事

31 部下に〝助け舟〟を出す

部下が提出した企画書が期待以下だったときの対応

○ Good

こんな事例を参考にしてみるといいんじゃないかな。

× Bad

う～ん。まだまだ詰められてないし、もう一度やり直してみて。

POINT

部下の仕事が低レベルだった場合でも、叱るのではなく勇気づけを行おう。

自力で問題が解決できるように〝後押し〟する

前項で「ほめる」行為の隠された危うさについて解説しましたが、では、部下の仕事が期待を下回ってしまった場合はどのように対応すればよいのでしょうか？

「どうしてこんなことができないの？」「もう一度やり直してみて」と、ただ叱るのでは部下は萎縮してしまい、レベルアップは望めません。こういったケースでは、**部下に「勇気づけ」をすることが効果的です。**それは**部下が自力で問題を解決できるように支援すること**です。

たとえば、提出してきた企画書の内容のクオリティが期待を下回っていた場合「これだと先方に提出できないよ」と突き放した言い方ではなく、「こういう事例もあるし、参考にするともっとよくなるんじゃないかな」というように、さりげなくアドバイスをしてあげるのです。

また「僕はこの点がわかりづらいと思うけれど、君はどう思う？」と自ら考えるように仕向けるのもよいでしょう。

〝助け船〟の出し過ぎは部下の成長の妨げになる

なぜ「さりげなく」が大事なのか。「〇〇を参考にしてやり直して」というのは命令であり、それが縦の関係になるからです。

ここで**大事なのは、部下があくまでも自らの頭で考えることです。そのためには「質問」を投げかけることが効果的**です。

質問は「どのあたりで行き詰まっているのかな?」「他社の例は調べてみた?」と言ったように、いわゆる〝助け船〟を出してあげるのです。

ただし〝助け船〟の出し過ぎには気を付けなければなりません。部下が「上司の意見を聞けばいい」と思ってしまうと、自らの頭で考えたり、工夫したりする意識が低くなるからです。

部下に対しての〝助け舟〟はあくまでも最小限にすること。これが、部下が成長する秘訣です。

助け舟を出し過ぎると部下は育たない

→ 部下は自ら考えなくなってしまう

→ 部下が自ら考えて動くように仕向ける

32

「他責」する部下に対処する

ミスした部下を指導する方法

○ Good

部下に前向きな考え方を気付かせる。

× Bad

部下に同意・同情を示しなぐさめる。

POINT

失敗などを周りのせいにする部下は成長しない。考え方を改めさせよう。

部下に打開策を考えさせる

「他責」と「自責」という言葉があります。他責は「仕事がうまくいかないのは会社のせい」「後輩が足を引っ張っている」など、周りに責任転嫁するネガティブな考え方。一方、**自責は物事は自分で決定し、自分が責任をもつべきだ、とするポジティブな考え方**です。

上司が部下に「助け船」を出しても、部下が「他責」の考え方をもっていては、仕事はうまくいかず、成長することもできません。この場合、上司は部下へ「他責」になっていることを気付かせてあげる必要があるでしょう。

たとえば、部下が「いまは不景気だから売上げが伸びないのは仕方がないです」と言ってきたなら、「そんななかでも工夫して売上げを伸ばしている会社もあるよ」と言って目先を変えさせるのです。また、上司が見本を示すことも大切です。そのためには決して上司が部下のせいにしないこと。**上司が「他責」ではなく常に「自責」であることが最も重要**なのです。

33

部下を上手に監督する

未熟な部下への対処法

○ Good

部下には極力指示を出さず遠くから見守る。

× Bad

部下が失敗しないように細かく指示を出す。

POINT

上司の指示の出し方で、部下の成長に大きな差が出るので要注意。

部下への指示は最小限にとどめる

「指示待ち人間」を作らない

未熟な部下をもつと、あれこれ細かい指示を出したくなるものです。

しかし、これは部下の成長を阻む大きな要因になります。

なぜなら、手取り足取りといった姿勢で指示を出すと、相手は「指示待ち人間」になってしまうからです。

「指示待ち人間」は自分で考えることをせず、じっと上司の顔を伺います。考えることがないから成長も見込めないのです。

部下に指示を出すのは最低限にすると考えておきましょう。

34
部下に仕事を任せる

部下に初めてプレゼン資料の作成を頼むときの方法

〇 *Good*

一度仕事を任せたらなるべく口出しをしない。

× *Bad*

不安なときはすぐに口出しをする。

POINT

部下に仕事を任せたときは、極力口を出さず、遠くから支援する。

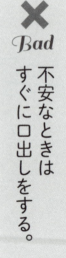

失敗への対処も本人に任せる

これまで部下に仕事を任せることの重要性について解説してきましたが、そのやり方には細心の注意が必要です。ひと言で表すなら**「放任せず、世話を焼き過ぎず」**です。この距離感を保たねばなりませんが、そのためには次のポイントを押さえることが必要です。

・**はっきりと任せると伝えること**

部下にどんな仕事を任せるかを厳選し、決まった内容を本人に伝えます。責任を伴う仕事を任せるほうが成長します。

・**途中の口出しを極力避けること**

仕事を任せた以上、あれこれ指示を出すのは避けるようにします。もし失敗しても本人に対策を考えさせるようにします。

・**定期的に進行状況を確認すること**

これは「定例面談」（100ページ参照）の方法で進めます。

間接的な支援を忘れないように

さらにもうひとつ**「間接的に支援を行うこと」を忘れてはいけません。**

部下の未熟さ、技術不足をカバーするわけです。

その方法にはさまざまなものがありますが、たとえば部下に苦手な分野があったら、逆にそれを得意とする人間を下につけるなど「人の組み合わせ」による支援。営業などでは「セールストークマニュアル」を作って渡すなどの技術的支援。こうした方法で、いわゆる「お膳立て」をします。

これらの支援は直接的なものではなく、いかに部下本人が使いこなすかが問われるので「世話の焼き過ぎ」にはならないのです。また、逆にベテランは経験と能力があるため、ある程度「放任」するなど、相手によってホームポジションを変えることを「振り子理論」と呼んでいます。

このような距離感を保って部下に仕事を任せれば、たとえ失敗してもそこから立ち直り、成長していくことができるのです。

「放任せず」「世話焼きせず」の原則

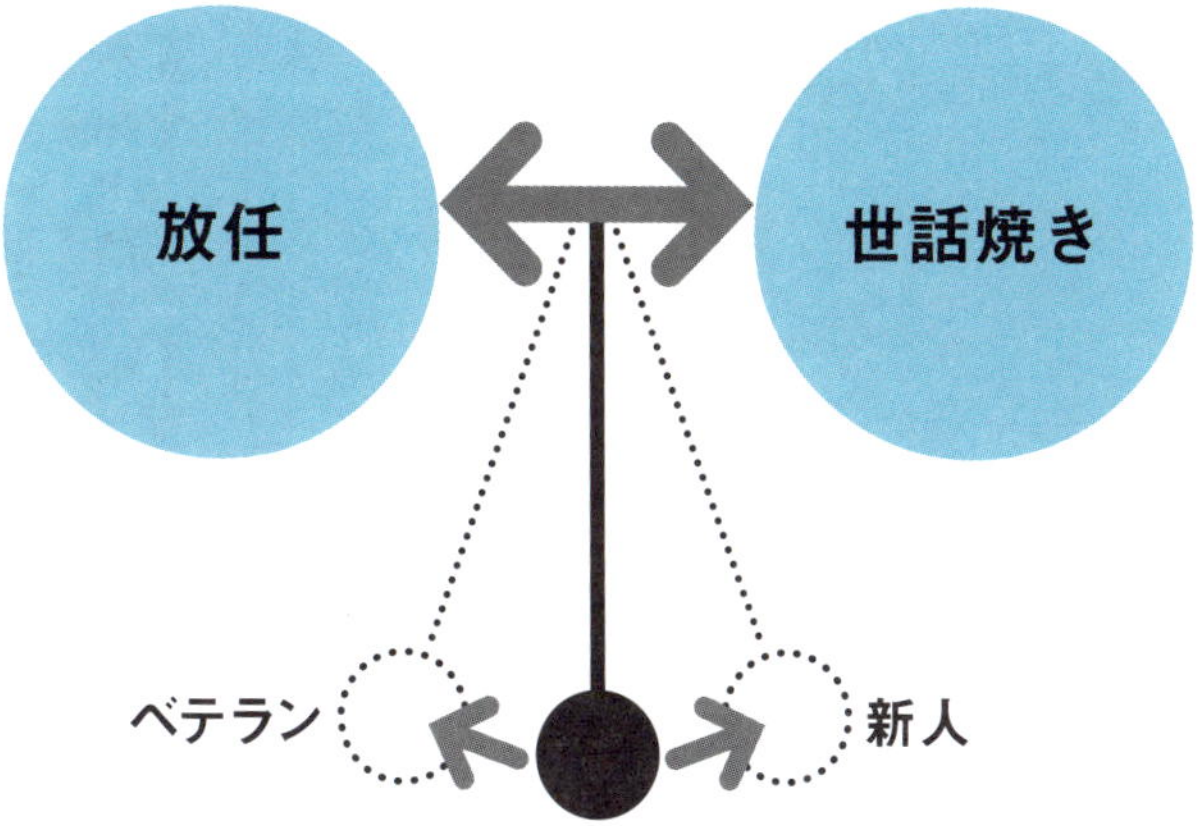

振り子理論
新人には、「やや世話焼き」に、
ベテランには「放任」など、
相手によってホームポジションを変える

**ベテランには「放任」、
新人には「世話焼き」と
相手によって「ポジションを変える」**

35

上司と部下の仕事を的確に分ける

複数の仕事があるときに判断する方法

○ Good

「緊急ではない重要な仕事」を上司が担当し、「緊急で重要な仕事」を部下にやらせる。

× Bad

「緊急で重要な仕事」を上司が担当する。

POINT

本来「緊急ではない重要な仕事」にじっくり取り組むのが上司の務めだ。

上司は「未来の仕事」「環境作り」に専念する

部下に任せる仕事内容で悩む場面も多いでしょう。上司はつい「緊急で重要な仕事」を自分自身でやってしまいがちですが、これは大間違い。むしろ部下に任せるべきです。そのほうが部下が成長するし、いざというときは自身がフォローすることもできるからです。

では、上司はどんな仕事をすればよいのでしょうか？

それは**「緊急ではない重要な仕事」です。「緊急ではない重要な仕事」とは、「営業戦略の立案」や「仕事のしくみ作り」**といったものです。これは一種の「未来作り」「環境作り」といってもよいかもしれません。環境を整備することで、部下の仕事がはかどり、生産性もアップします。

そしてさらに重要なのが、このような「大局的な仕事」を行うことは、上司自身が成長するということです。上司の成長なしに部下は成長しないことを肝に銘じておきましょう。

36

部下を成長させるプロセス

「どうしたらいいですか？」と部下から
答えを求められたときのひと言

Good

あなたは、
どうしたらいいと思うの？

Bad

こうしたほうがいいよ。

POINT

手取り足取り教えず、あえて“受け流す”ことで自分で考える能力が身につけられる。

「役割」と「責任」で部下は成長する

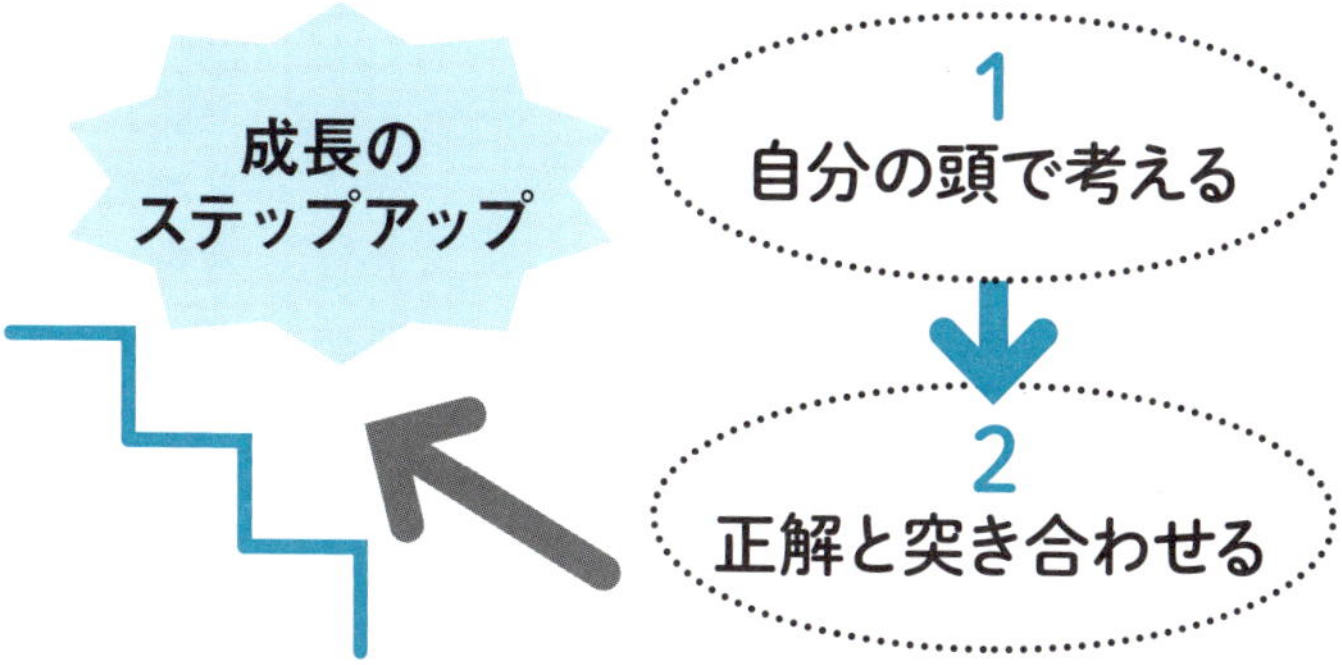

自分の頭で考えさせる

部下から「どうすればいいでしょうか？」と聞かれたときに、すぐに答えを出してはいけません。学生が問題集を解くときに、すぐに正解を見ていては、永遠に力がつかないのと一緒です。

まずは**自分の頭で考えて答えを出させる。その後、正解と突き合わせる**のです。

つまり「あなたはどうしたらいいと思う？」とその物事に対しての部下なりの答えをまずは出させること。そのうえで助言をします。これが部下を成長させるための大切なプロセスとなります。

37

部下に適切にフィードバックする

期限を守らない部下に注意するときのひと言

Good

期限が過ぎたけど頼んだ書類がまだきてないね。

Bad

書類がまだきてないね。期限ぐらい守れよ！

POINT

部下を注意するときはできるだけ感情的にならず、事実だけを述べる。

「フィードバックの5段階」を理解しておく

いくら仕事を任せたといっても、「期限を守らない」「仕事が求められたレベルに達していない」部下に対しては、要所要所で「フィードバック」を行わなければなりません。**フィードバックとは「本来あるべき姿と現実のギャップを本人に伝えること」**です。

ただそのフィードバックのやり方にはコツがあります。正しいやり方を解説する前に、まず基本となる「フィードバックの5段階」について解説しておきましょう。

たとえば、例文の「部下が書類を期限内に提出しない」というケースの場合、左記の5段階のフィードバックがあります。

・第1段階＝「期限が過ぎたけど、書類がまだきてないね」
・第2段階＝「期限が過ぎたけど、書類がきてないね。早く欲しいな」
・第3段階＝「期限が過ぎたけど、書類がきてないね。だらしないぞ」

・第4段階＝「期限が過ぎたけど、書類がきてないね。期限を守るべきじゃないかな？」

・第5段階＝「期限が過ぎたけど、書類がまだきてないぞ。期限を厳守しろよ！」

第5段階の話し方では部下はついてこない

この5つの段階は、第1段階では「事実」だけを述べているのに対し、段階が上がるに従って感情的になり、第5段階ではほぼ「命令」「叱る」といった形になっています。

部下を注意する際にいきなり第5段階のような言葉では部下はついてきません。そのため部下を勇気づける、やる気にさせるのには、フィードバックをせいぜい第2段階に収める必要があります。

「部下が育たない」と嘆いている上司の言動には第5段階の要素が多分に入っているのです。

注意には５段階ある

第１段階	事実を伝える	主体性が保たれやすい
第２段階	主観を伝える	
第３段階	評価を伝える	主体性が失われやすい
第４段階	提案を伝える	
第５段階	命令する	

相手には第１・第２段階の注意で留める

ここで第1、第2段階をさらに進め、部下に手を差し伸べるという手も紹介しておきましょう。

それは「書類がきてないね」と言ったあとで「何か困ったことでもあるのかな」と付け加えるのです。

このように相手に現状や原因を話させることで、仕事の状況確認や対策を打つことができます。

部下とのコミュニケーションをとるためにはフィードバックの5段階を常に忘れないようにして対応するようにしましょう。

38

部下の失敗を未然に防ぐ

部下が準備不足で失敗しそうなときの対処法

〇 Good

お客さまからこんな質問が出るかもしれないけど対策している？

× Bad

これではダメだからこう直しなさい。

POINT

部下が失敗しそうなときは、さりげなくアドバイスをする。

未熟な部下には「未来」を提示する

部下に仕事を任せた際に、圧倒的に足りないのは経験です。人は経験が不足していると未来が予測できないもの。逆に経験が豊富であるほど、未来が予測できるようになるものです。

部下が失敗をしてしまうのは、この未来予測が不足しているから。だからこそ、上司や先輩はそれを補ってあげる必要があるのです。

その際に注意したいのは、未来予測とセットで正解や対策を伝え過ぎてしまわないこと。

つまり**未来予測だけを伝え、対策は自分の頭で考えてもらう**ことが重要になります。

「これではダメだから、こう直しなさい」と対策をセットで伝えるのではなく、「お客さんからこんな質問が出るかもしれないけど対策している？」「どのように準備しようか？」と考えさせるわけです。

「フィードフォワード」で主体性を育む

このように未来を予測して伝えることを「フィードフォワード」といいます。フィードフォワードでは予測だけを伝え、対策は自分で考えるように促します。

そのため、部下は「自分で対策を考えた」「自分でできた」と思い、やりがいや達成感を得ることができるのです。

もちろん、仕事に対する主体性や責任感は保たれたまま。上司や先輩が答えや対策までも指示した場合にありがちな「やらされた感」「仕事を取り上げられた感」は発生しません。

口を出し過ぎず、かといって、みすみす失敗しそうな部下や後輩に失敗をさせない予防もなされ、まさに一石二鳥のコミュニケーション。それがフィードフォワードなのです。

未来のビジョンを提示する

39 部下に怒りを伝えるとき

部下が遅刻を繰り返すときのひと言

Good

これで三日連続の遅刻だね。
残念だよ。

Bad

また遅刻したの?
いいかげんにしろよ。
ありえないだろう。

POINT

相手にどうしても感情を出ざるを得ないときは、二次感情を一次感情に変える。

感情を出すときは「一次感情」を伝える

二次感情	一次感情
怒りなどの見えやすい感情	心配、悲しみなどの見えにくい感情
↓	↓
相手との関係が悪化	相手に伝わりやすい

一次感情で伝える

いくら冷静に対処しろ、といっても上司だって堪忍袋の緒が切れるときがあります。ただし、感情を爆発させては相手との関係にヒビが入るだけ。そこでどうしても**感情を出したいときは〝一次感情〟で表現する**という方法があります。

一次感情とは「心配」「悲しみ」「落胆」などが見えにくい感情のこと。一方〝二次感情〟は「怒り」のように目に見えやすい感情です。Ｇｏｏｄのように「怒り」を「残念」「悲しい」などの言葉に変えて感情を伝えてみましょう。

40

部下の会社に対する不満を解消する

「会社のやり方は問題があります」と言われたときの対応

Good

なるほど、そういう考えもあるね。
じゃあ、君は何をする？

Bad

そうなんだよ。
問題だよね。

POINT

部下が他責で不平不満をぶつけてきたときは、同意せずに自分事に変換を促す。

他人事で終わらせずに自分事の提案をさせる

部下は何かと会社に不満をもつものです。その際には、50ページで説明した通り、**「問題を課題に変換」させ「他人事を自分事に変換」させることが有効。そして、それを実現させるには質問を投げかけることです。と同時に「同意」せず、「共感」することも大切**です。

「同意」とは相手と同じ意見であると表明すること。「共感」とは相手の立場に立って、相手になりきって感じることです。つまり、相手の立場であれば「このように感じるだろうな」と思うものの、自分の意見を変える必要はない。相手と違う意見のまま、共感するのです。

部下の不平不満に同意すれば、部下はそれでいいのだ、と勘違いしてしまいます。そうではなく**問題を課題に、他人事を自分事に変換するように促し、なおかつ、相手への共感を示す。けれども同意はしない。**

この微妙なスタンスが上司、先輩には求められます。

41 部下自身に仕事を明確化させる

部下が「仕事の進め方」で悩んでいるときの対応

○ Good

仕事の具体的な進め方を部下に体験させる。

× Bad

一緒に仕事に取り組む。

POINT

部下に大きな仕事を任せるときには、よりテクニカルな手法を習得させせよう。

仕事の「ブレーク・ダウン」を体験させせよう

部下に仕事を任せ、さりげなく支援することについてはこれまで解説してきました。

しかし、部下はいままで経験したことがないような、よりレベルの高い仕事を任されるようになると、何から手をつければよいか、仕事の進め方で悩むようになります。そんなとき上司は、より具体的かつテクニカルな方法で部下を支援しなければなりません。

その場面で有効なのが**「ブレーク・ダウン」という手法です。これは大きな仕事のかたまりを小さなかたまりに分解し、やらなければいけない行動をリスト化する**ものです。

たとえば「新商品開発」という大きなかたまりを任せたとします。これをまず「リサーチ」「企画書作成」「コストの算出」「サンプル品の製作」など小さなかたまりに分けると、仕事が整理されるわけです。

仕事ごとに中間締め切りを設定させる

細分化ができたところで、次にそれぞれの仕事に締め切りをつけさせます。**仕事全体の最終締め切りを作るのではなく、中間目標を立て、個々に締め切りをつけさせる**のです。この作業は部下に全体像を把握させるのにも役立ちます。

また仕事を確実に進めるために、中間の締め切りの都度、面談を行うことも重要です。先に説明した定例面談以外に、仕事単位で面談を設定するとよいでしょう。

このようにブレーク・ダウンを経験させることで、部下はさらに大きな仕事ができるようになります。もちろん、上司が手を貸すのは最初だけだということを忘れないでください。

ところで、このブレーク・ダウンには意外な効果があります。

それは**「未来を予測して考え、行動できるようになる」**ということです。

「大きな仕事」から「小さな仕事へ」

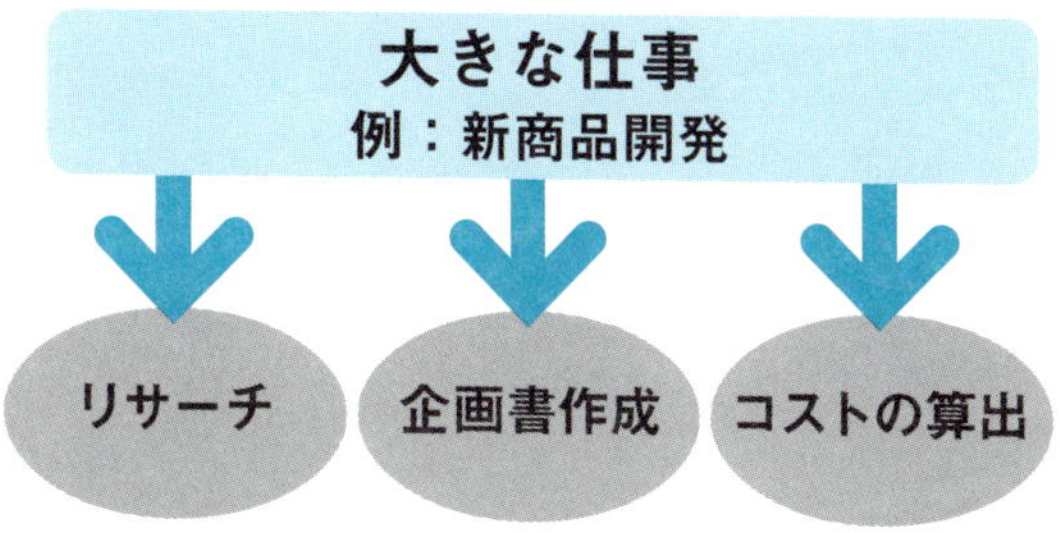

仕事を「細分化」し、「締め切り」を作る

「この仕事を早めにやっておかないと、あとの仕事に影響が出る」など、細分化で全体が見通せるようになるわけですから、この能力は自ずと身につくわけです。

つまりブレーク・ダウンで、上司が「教え込む」のではなく部下に考えさせるという目的を、比較的簡単に達成できるのです。

「大きな仕事」から「小さな仕事」へと仕事を分解して整理し、やるべきことを明確にすることで、部下は仕事の道筋が見えてくるようになります。

42
「任せる勇気」をもつ

頼りない部下を抱えてしまったときの対応

Good

部下の失敗を恐れず、より高度な仕事を任せる。

Bad

部下が失敗しないような簡単な仕事を任せる。

POINT

上司は部下の現状の能力だけに合わせて、任せる仕事を決めつけてはいけない。

頼りない部下にこそ重要な仕事を与える

部下に仕事を任せなければいけない理由は、これまで何度か話してきましたが、ここで強調したいのは「上司が部下に任せる勇気をもつ」ということです。

たとえ頼りない部下だとしても、失敗を恐れて簡単な仕事しか与えないようでは部下は成長せず、最後に自分の首を絞めることになります。むしろ上司は部下の失敗を恐れず、積極的に重要な仕事を任す信念をもたなければなりません。

そもそも**部下には「失敗する権利」があります。**失敗は成功を生み出す原動力です。部下は誰しもが成長したいと思っているので、その糧となる「失敗の権利」を上司が奪ってはならないのです。

こうしたポリシーを常に念頭においておけば、上司と部下のコミュニケーションも必ずや素晴らしいものになっていくはずです。

「受けるか、受けないか」は部下の判断にゆだねる

ただし、ひとつ気を付けなければいけないことがあります。それは嫌がる部下を説得して任せてはいけないということ。

「自分は責任ある仕事はしたくありません」と言う部下に、どんな仕事を任せてもうまくいくはずがありません。それどころか、部下は自分が原因で失敗したとしても「あの上司が押し付けたからだ」と責任転嫁をします。

仕事を任せるときは、あくまでも「受けるか、受けないか」を部下の判断にゆだねることが肝心。「いまは嫌だ」と思っている部下でも、周りが成長していくにしたがって「自分にも任せて欲しい」と考えるかもしれません。要は部下の自主性を重んじてじっくり時を待つということです。

部下の成長に関しては決して焦ってはいけません。長い目で見てあげることも上司の義務なのです。そしてなにより、部下が失敗したときは、フォローをすることが上司の役割であることを肝に銘じておきましょう。

部下には「失敗する権利」がある

「失敗」は「成功」の原動力

無理とわかっていても
部下が「失敗」することを恐れない。
部下が失敗してはいけないように
“先回り”して手助けをしない。

↓

失敗を「経験」することで部下が「成長する」

部下の「失敗する権利」を尊重して、
仕事を任せることで、部下は仕事の重要性と責任感、
進め方という経験ができて「成長する」。

↓

新しい仕事を任せられるようになる

部下が成長する過程を見守ることが重要

43

上司の役割を再認識する

会社の方針を部下に浸透させるときの心得

○ Good

部下に会社の方針や目標をやる気が出るように話す役割。

× Bad

部下に会社の方針や目標をただ伝達する役割。

POINT

上司は会社の方針や目標を部下が納得するように説明しなければならない。

会社の方針や目標はわかりやすく伝える

上司は部下にとって「翻訳家」

この章の最後に述べたいのが「上司の自覚」です。上司は自分がどんな役割を担っているのか、常に再確認しなければなりません。

この作業をせずに漫然と日々を送っている人は、ただの「伝達屋」になってしまいます。

本来上司の役割は、会社が指示することをわかりやすく翻訳して、部下に伝えることです。

さらに、それによって**部下に「どんな利益があるのか」を解説し、やる気を出させる**ことです。部下によっては「上司＝会社」ととらえる人もいます。上司のひと言が部下、会社の未来を左右することを自覚しましょう。

column3

言葉以外の「非言語」を使う

目線や態度で相手に与える印象が変わる

「ノンバーバル・コミュニケーション」という言葉があります。ノンバーバルとは直訳すれば「非言語」。つまり声、表情、動作など言語以外でのコミュニケーションを指します。「目は口ほどにものを言う」の通り、「非言語コミュニケーション」は相手に多くの情報を与えることができます。

たとえば、腕を組む姿勢は相手に「拒絶」「威圧」などのネガティブな印象を伝えてしまいます。一方、手をテーブルの上に置く、相手に見えるようにメモをとるなどといった行為は、相手に対して何も隠していないというイメージを与えます。

そして、相手にしっかりと目線を合わせることで、話に興味があることを示すことができます。

話を聞く態度

- 背筋を伸ばして椅子に座る。相手に対してまっすぐ向いて話を聞くようにする。
- 手はテーブルの上に置く。メモ帳などの小道具も準備する。
- 表情は自然な笑顔で。ふだんから笑顔の練習をしておく。

相手と目線を合わせる

- 目線を相手よりも先に外すとネガティブな印象を与える。
- 相手が目線を外したあとで自分も外すようにする。

Part 4

チーム力を上げる

伝え方&方法

44

チーム力を高める

部署の成績が上がらないときの対策方法

〇 Good

組織が成長するシステムを作る。

× Bad

部下を叱咤激励して働かせる。

POINT

叱咤激励では人は動かない。社員が成長するシステム作りが大事。

結果が出ている組織

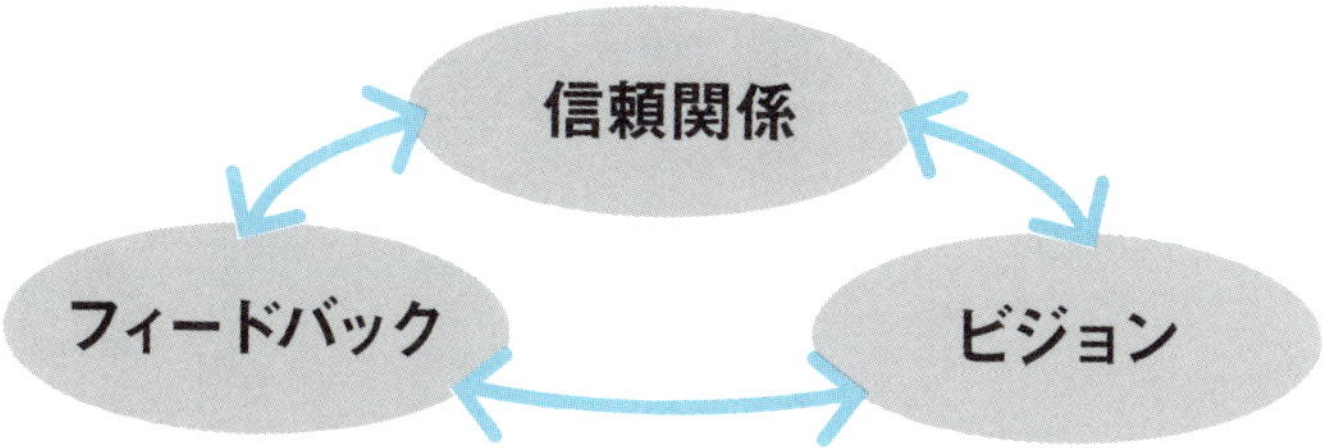

**叱咤激励するだけでは
結果は出せない**

新しいシステムを作る

部署の営業成績が振るわない状況の場合、あなたはどうすればよいのでしょうか？　部下を叱りつけて、無理やり働かせるやり方はいまの時代は通用しません。

部署の運営や成績の高い組織は、「信頼関係」や「フィードバック」「ビジョン」がしっかりしています。

強い組織を作りたいなら、多少時間がかかっても、こうしたポイントを押さえた新しいシステムを構築すべきです。この章では具体的なチーム力をアップさせる伝え方を中心に解説していきます。

45 チームの目標を明確にする

チーム発足時の目標の作り方

Good

メンバー全員で目標を作り共有しながら仕事を進める。

Bad

リーダーが目標を作って部下に提示して共有する。

POINT

リーダーが単独で作るのではなく、メンバーみんなで作ることが大切。

具体的な目標をメンバーで作る

「競合他社との競争に勝ち抜く」「営業成績を達成する」など、組織には目標が必要です。この目標は、多くの人が「上司やリーダーが（単独で）作るもの」と考えているかもしれません。

しかし、上から与えられる目標は、部下にとっては納得できない部分が含まれている可能性があります。リーダーが単独で作ったとき、場合によっては部下の不満を募らせる場合もあります。

目標は「メンバー全員で作る」ということが大切です。メンバーを参加させることで、組織に対する自覚と責任が生まれ、目標を達成させる意識が高まります。

目標を作る段階では、できるかぎり具体的なものを目指しましょう。たとえば単に「成績を上げる」ではなく、「売上げを前年度比120％達成する」といったように具体的な数字を掲げることが肝心です。

各メンバーと目標達成の進捗を確認する

実際に作った目標は、組織全体で共有して適宜確認するようにします。作っただけで忘れてしまう目標は、次第に形骸化するからです。

そこで**定期的に会議を開き、目標に対する達成度や個々人の努力などについて話し合う**ようにしましょう。

チームの間でしっかりと考えを共有することが大切です。メンバーのなかには目標作りに参加したものの、日々の目の前の仕事に追われ、忘れてしまうこともあります。面談などで個人と適宜確認をとることで、意識の低下を防ぐことができます。

この面談の際には、全体の目標以外に「昇進できるようにもっとがんばりたい」など、個々人の目標を聞いてみるのもよいでしょう。

個人的な目標を聞き出し、全体の目標と関連付けて伝えることで、モチベーションを高めることができます。

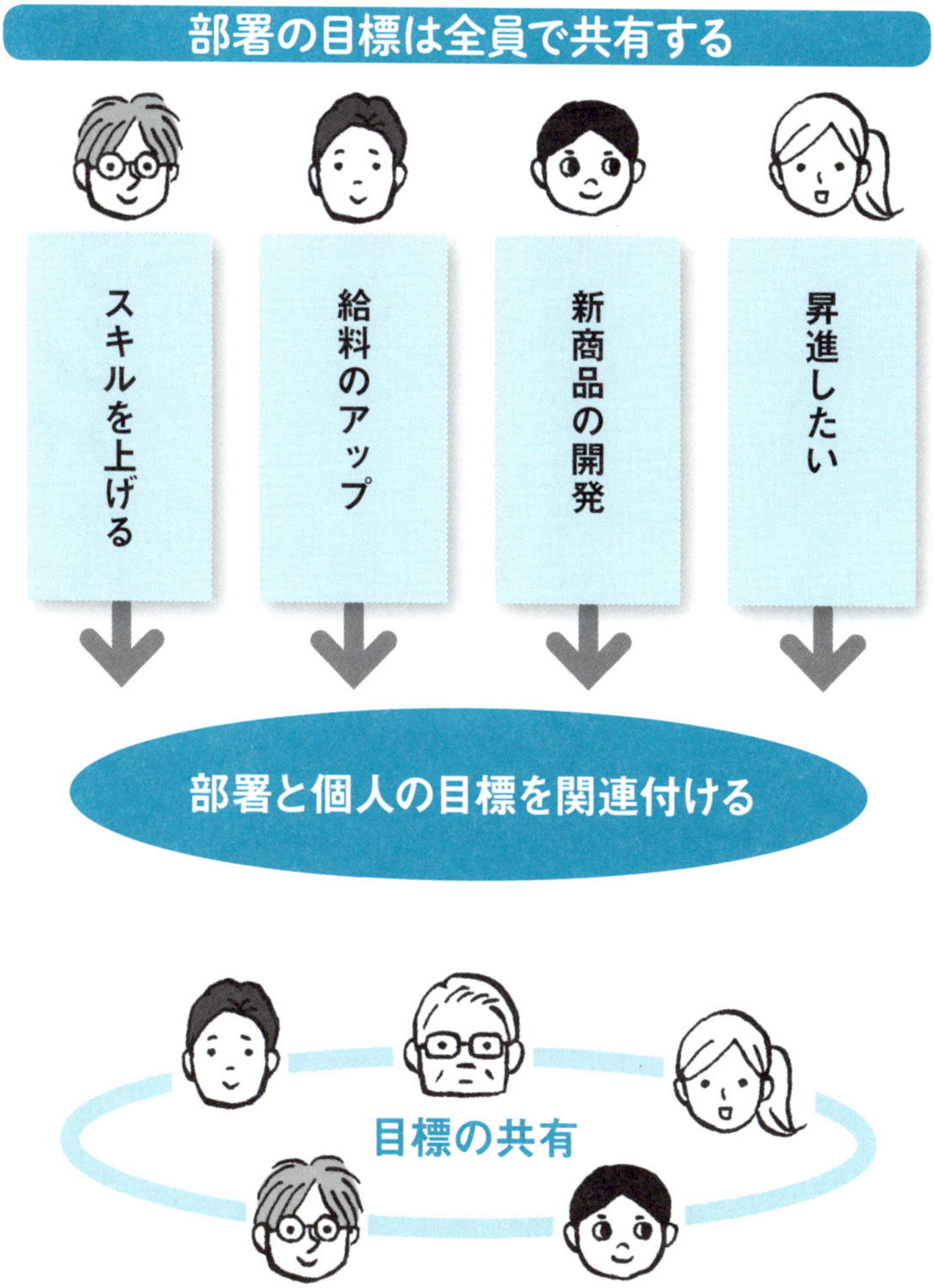
部署の目標は全員で共有する
スキルを上げる
給料のアップ
新商品の開発
昇進したい
部署と個人の目標を関連付ける
目標の共有

46 組織のナンバー2を育てる

補佐役に適した人物を選ぶ基準

Good

利他的でチームのために
自分を犠牲にできる人を選ぶ。

Bad

上司に従順な
〝イエスマン〟を選ぶ。

POINT

ナンバー2は組織の将来を左右する重要なポジション。厳しい選考基準で選ぶ。

〝利己的〟ではなく〝利他的〟な人物を選ぶ

チームのリーダーが自分の補佐役、つまりナンバー2にどんな人を選ぶかによって、チームの行方は大きく左右されます。

多くの人は強い意見を言わない〝イエスマン〟や気心が知れた人を選んでしまいがちですが、ナンバー2の人物を選ぶときは、より慎重に考える必要があります。

とくに、左記の条件を照らし合わせて考えてみましょう。

1 利己的ではなく利他的な人

2 メンバーとリーダーの橋渡し役になることができる人

3 全体を俯瞰して考えられる人

4 リーダーを立てることができる人

ナンバー2には、自分の力を誇示するのではなく、チームの利益を優先できる人が必要なのです。

仕事に対する姿勢、チーム内のコミュニケーションなど、日頃の言動を見てみましょう。より優秀な人物を引き上げることで、チーム力も増していきます。

高いレベルの仕事を任せる

さて、ナンバー2の役割で、もっとも重要なのは2の橋渡し役です。単なる伝達役という意味ではなく、リーダーの指令をメンバーが納得できるようにわかりやすく伝えたり、部下の不平不満を角が立たないようにリーダーに伝えたりといった、細かい調整能力が問われます。また、**ナンバー2は、ときにはリーダーに代わって「嫌われ役」に回ることも必要**です。

では、リーダーはナンバー2にどのように接すればよいでしょうか？ひと言でいえば、次期リーダーとしての「高い要望」をし続けることです。

しかし、その前に信頼関係を構築する必要があります。仕事の裁量をある程度任せたり、悩みがあるときにフォローしたりするなど、お互いに信頼関

ナンバー2に必要な資質

①利己的ではなく利他的

②メンバーとリーダーの橋渡しができる

③全体を俯瞰して考えられる

④リーダーを立てることができる

係を築き、仕事を進めるのです。

そのうえで、高い仕事のレベルを求め、会議や打ち合わせを仕切らせるなど重要な任務を与える。

大きな役割を担っているという意識をもたせることで、チーム運営の自覚が芽生え、同時にチームを調整しようとし、目標達成を補助する「フォロワーシップ力」が育っていきます。

47

職場にほめ合う環境を作る

メンバーの仕事に対する意識を高める方法

Good

精神的な報酬を上手に活用して仕事に対するやりがいを高める。

Bad

金銭的な報酬のみで仕事にやりがいを感じさせようとする。

POINT

上司は金銭的な報酬以外に精神的な報酬で部下をやる気にさせなければならない。

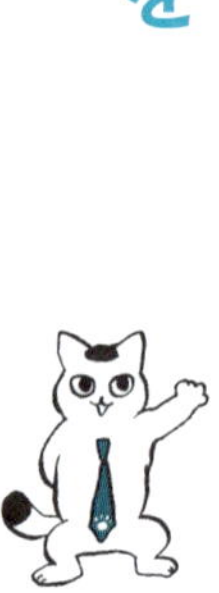

チーム内でお互いをほめ合う環境を作る

「報酬」には2種類の考え方があります。「物質的報酬」と「精神的報酬」です。

前者は給料やボーナス、手当といった金銭などの物質的な報酬に関わるもの。後者は「称賛」「愛情」といった形にはできない精神的なものです。

上司のなかには、Ｂａｄのように「給料を払っておけば大丈夫」と思っている人が多いかもしれませんが、これは大きな間違いです。

人は承認欲求が満たされ、自己実現ができることで、より能動的に働くことができるのです。

それを実現するには、チーム内にお互いが長所や努力していることを「ほめ合う環境」を整えることが求められます。

「物質的報酬」が限りあるものに対して、「精神的報酬」は限りがないので、誰にでもいくらでも提供することができるのです。

ほめるポイントをできるだけ多く探す

では「ほめ合う環境」とはどのようなことでしょうか？

たとえば、個々人の業績に対して、さまざまな「賞」を与える会社があるとします。コンペ案件に対して「制作優秀賞」や「アイデア努力賞」など、より多くの人が表彰される形式です。このようにほめる基準が多ければ多いほど、チームは活性化していきます。

「賞」を作らなくても、会議で自分が努力や工夫をした事柄を発表し合うなど「ほめる」機会はいくらでも作ることができます。つまり、**成績を称賛するだけではなく、個人がもっている長所や個性をほめ合うシステムを作ることが大切**なのです。

ところで、この「ほめる」という行為ですが、対象が「結果」だけに偏ってはいけません。たとえば、組織のメンバーが営業先の新規開拓に乗り出したとします。

精神的な報酬で意識が高まる

物質的報酬
- 手当
- 給与

↓

限りがある
受動的な働きになる

精神的報酬
- 愛情
- 称賛

↓

限りがない
能動的な働きになる

新規で営業先を確保したものの、成果を出せるのが中長期的なスパンとなりそうなとき、なかなか結果を出せず徐々にモチベーションが下がる可能性があります。そのとき上司は率先して「新規開拓を始めたこと」を評価するのです。

また、ある程度時間が経ったところでどのぐらい顧客が増えたか、見込みはどうかなどをチーム全員で共有し合うこともよいでしょう。

会社にとってプラスになることを始めたこと、途中経過も含めてほめるポイントを数多く作り部下に伝えたことによって、チーム環境が良好になります。

48

成長していく人材を育てる

チーム全体にやる気を出させたいときの対策

○ Good

勉強会などを開催して
知識やスキルを得る機会を作る。

× Bad

高過ぎる目標を
設定して
クリアさせようとする。

POINT

部下は条件面だけでは動かない。「内発的動機」がやる気を高める源になる。

部下に仕事のやりがいを感じさせる

専門用語になりますが、仕事のモチベーションには「外発的動機」と「内発的動機」という2つの種類があります。

「外発的動機」とは「給料や賞与のために仕事する」など、他人から与えられる報酬が動機となっているもの。これに対して**「内発的動機」**とは「楽しいから」「自分が成長できるから」など、心の中から湧き出てくる、報酬に左右されない動機づけです。

この2つを比較すると**「外発的動機」が給料や待遇で簡単に揺れ動いてしまうのに対して、「内発的動機」は揺るぎない強固な性格をもっています。**

もちろん「外発的動機」もモチベーションのアップには欠かせませんが、リーダーはメンバーに本当のやる気を出させるために「内発的動機」をもたせなければなりません。

では、どうすればそれは生まれるのでしょうか。

意識的に成長するための機会を作り出す

「内発的動機」を作り出すためにはさまざまな方法がありますが、ひとつは「能力開発」の機会を与えることです。たとえば、部下に「勉強会」を開き、ノウハウやスキルを勉強させる機会を作るのも方法のひとつ。これは、社員に他社でも通用する技術を身につけさせるスキルアップの機会になり、リーダーが積極的に機会を作っていることが部下に伝わると強力なモチベーションの源になります。

部下が成長する機会を奪うのではなく、成長させる機会を作り出すことがリーダーの重要な使命なのです。

他にも社員同士で研修会を開かせたり、スキルアップのための意見交換を行わせたりするという方法もあります。

部下が「この部署にいれば自分自身を高めることができる」と思えるようになれば、モチベーション作りに成功したと言えるでしょう。

モチベーションを上げるためには？

外発的動機

- 給料
- 待遇
- 昇進　など

内発的動機

- 自分が成長できる
- 仕事が楽しい
- 充実感を感じる

↓

モチベーションがアップ

“本当のやる気”を出させるためには
内発的動機が必要になる

内発的動機を作るためには……

- セミナーの参加する機会を与える
- 社員同士での研修会や意見交換の場を作る……などが効果的

49

やる気を引き出す組織作り

部内の規律が乱れてきたときの対処法

Good

役割や責任を与える
チーム制にして
メンバーのことも考えさせる。

Bad

さらに厳しい規則を
メンバーに課して規則を
守るように徹底させる。

POINT

厳しい規則を課しても「乱れ」は改善されない。チームを組織して対処しよう。

他のメンバーのことを考える組織を作る

「遅刻」や「書類提出の遅れ」など、部内の規律が乱れてきたとき、あなたならどうしますか？

さらに個々人に対して厳しい規則を課す、逆に決められたことを守った人間を表彰するなどの方法がありますが、じつはどちらもあまり効果は期待できません。

なぜなら、それらは〝個人〟に対して与えられる規則や褒美であるためです。つまり、規律の乱れが自分自身の問題なら「今回は忙しかったから仕方がない。次回からやればいい」と怠惰な方向へと向かってしまうからです。

より効果的な方法は、Ｇｏｏｄのようにチーム制を作ることです。

チームで規則を守るように伝えれば、「他の人の迷惑にならないようにがんばる」「仲間を裏切らないように努力する」ようになるのです。また部内の人数が多いときはさらに細分化してチームを作るとよいでしょう。

チーム制であきらめない心が生まれる

さらに、これは個人の「やる気」の問題と関係してきます。仕事で難しい場面に直面したとき「どうしよう……」と個人だけで悩みを抱えがちになりますが、チームの意識が強い場合、周りの同僚と相談したり、一緒に考えたりしながら仕事をこなす意識が生まれます。

ただし、チームを組織するだけでは不十分です。割り振りができたら、リーダーは、メンバーがお互いを仲間と認め、信頼し合うための手助けをしなければなりません。

信頼関係を築くためにはまずお互いをよく知り合う必要があります。そのためにリーダーは懇親会や研修を開くなど、お互いを知る機会を作ることが大切です。懇親会では各人それぞれのこれまでの生きてきた歩みである〝履歴書〟を回覧して、職場だけでは知ることのなかった人となりを知る仕掛けなどを作るのもよいでしょう。

信頼はお互いを「知る」ことから

さてもうひとつ、**チームの信頼関係で重要なのがチームのルール。ルールは「相手を大切にする」「人のせいにしない」「常に誠実である」などシンプルでわかりやすいものがよい**でしょう。

メンバーが話し合ってルールを作り、それを標語にして張り出しましょう。

これら例に挙げた仕掛け作りに共通するのは「相手のことを考えて行動する」ということ。

それらがメンバー全員に伝われば、規律の乱れもなくなり、仕事に連携が生まれ、進行もいままで以上に円滑になることでしょう。

50 生産性の低い部下の能力を高める

部内に「やる気がない」社員がいるときの対策

Good

上位の2割に集中させてピアプレッシャー（同調圧力）を使う。

Bad

下位の2割に集中させて底上げを図る。

POINT

上司はついつい下位2割に気をとられがちだが、そうではなく上と中間を引き上げる。

生産性の低い2割に集中するのをやめる

ビジネスシーンでよく言われる「2：6：2の法則」というのをご存じでしょうか？　これはグループができると、自然発生的に次の3つに分かれるという説です。

・積極的で生産性が高い優秀な2割の人間
・上位にも下位にも属さない6割の平均的人間
・積極性に欠け、生産性も低い2割の人間

これは、組織の本質をよく突いている法則です。問題なのは、優秀な2割＋平均的な6割の人間の足を、下位の2割の人間が引っ張っているということです。

リーダーにとっては下位2割の人間をどうにかしたいと思うところ。

しかし、それは目先の対策に過ぎません。下位の2割に引っ張られてはいけないのです。

ピアプレッシャー（同調圧力）を利用しよう

下位の２割を引き上げるのは、上位の２割を引き上げることの数倍もエネルギーが必要です。つまり、上司や先輩は疲弊してしまう。そのわりに成果は上がらないものです。

そこで思い切って**下位の２割を無理に引き上げるのをやめてしまうことが重要です。下位ではなく上位の２割を引き上げるのです。**

そういうと誤解されてしまいがちですが、それは下位の２割を切り捨てることにはなりません。いや、むしろ下位の２割を引き上げるために上位の２割に集中するといってもいいでしょう。

ピアプレッシャー（同調圧力）という言葉をご存じでしょうか。人は、職場の不文律に従おうとするもの。上司や先輩が無理やり引き上げようとするのではなく、がんばること、チャレンジすることが当たり前な職場のムードを作ることが重要です。

2割の生産性の低い社員を制する

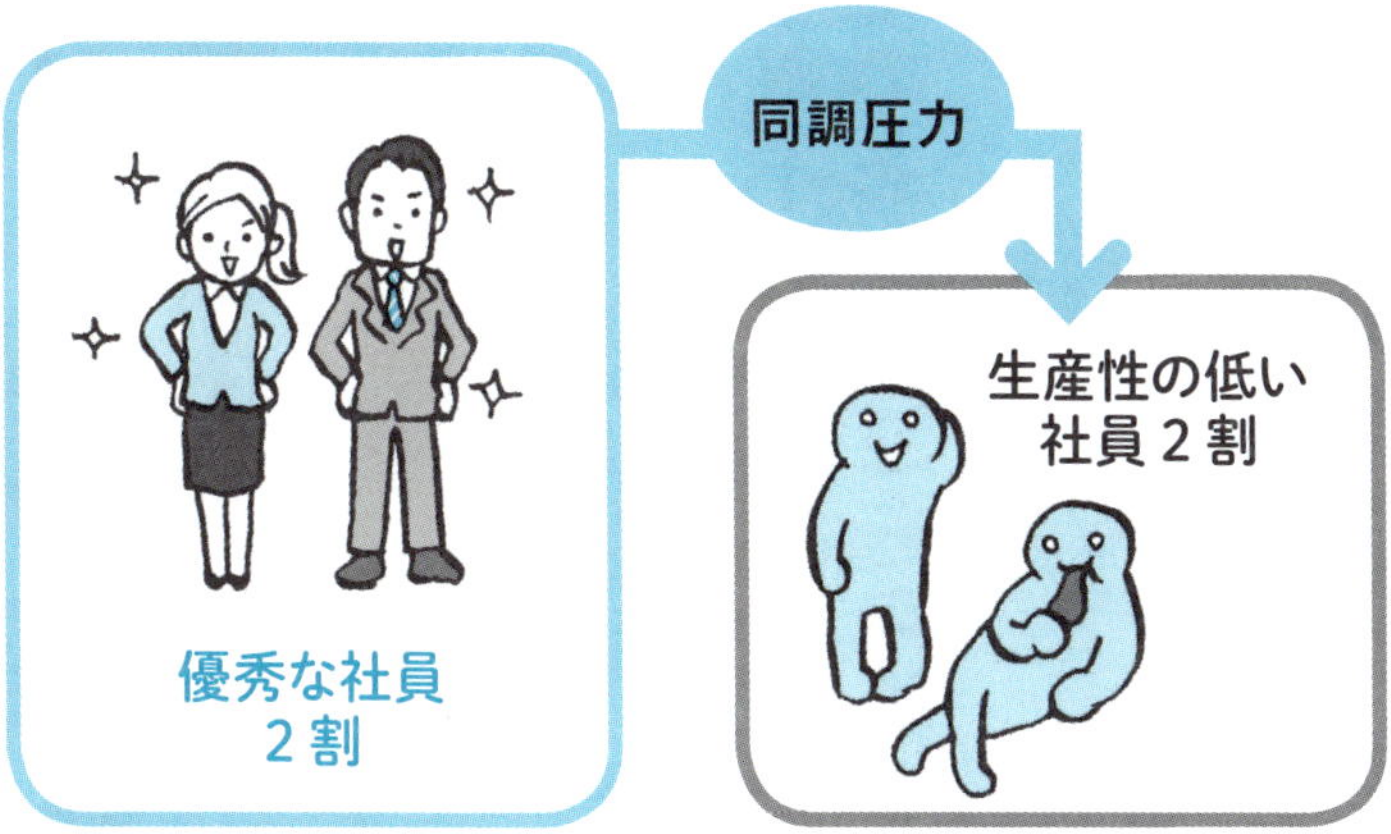

→ 上位の2割を引き上げるとチームの底上げになる

そのためには、**上位の2割がチャレンジし成果を上げる成功事例をたくさん作ること。そうすれば、それがピアプレッシャー（同調圧力）となり、がんばらないと浮いてしまいます。**

すると下位の2割もがんばらずにはいられなくなる。その作用を利用するのです。

間違っても**直接下位の2割を変えようとがんばり過ぎないことが重要なのです。**

51

メンバーの気持ちを聞いて意見を伝える

不平不満をもつメンバーへの対応方法

○ Good

不平不満を吐き出させて、そのあとでこちらの意見を伝える。

× Bad

正論を頭ごなしに伝える。

POINT

一度相手のモヤモヤを吐き出させてから、こちらの意見を伝える。抑え込むことはしない。

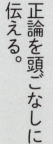

会社と個人の目標を照らし合わせる

メンバーにやる気を出させるキーパーソンは「上司」や「リーダー」です。上の立場の者が支援することによって、メンバーの一人ひとりがモチベーションを高めることができるのです。ただ、そのやり方も場当たり的ではなく、次のようにシステム化することで効果が増します。

1 不平不満や日頃思っていることを吐き出させる。

2 メンバーが考えている目標をヒアリングする。

3 会社が目指す目標と個人が思い描く目標を重ねて伝える。

1の「不平不満や日頃思っていることを吐き出させる」とは、会社や他の社員に対する不平不満や疑問を一度吐き出させてあげるということです。気持ちがそれらで一杯になっていては、こちらが伝えようとすることも入っていきません。そこで、その人が思っていることをすべて吐き出させることによって、受け入れられる容量を作り出すのです。

そして、2のように**メンバーが考えている会社での目標を聞き出し、どのような姿勢と気持ちで仕事に取り組んでいるかを確認します。**

最後に3では、**個人の目標を聞き出し、会社の目標と重ね合わせて、「この会社でがんばることが個人の目標の実現になる」ことをすり合わせます。**

具体的な解決策の提示を忘れない

ここで注意しなければいけないのは**「最初は聞くことに徹する」**ことです。じっくりと時間をかけて、メンバーの話に耳を傾けましょう。

たとえば1の場合でも、相手が不平や不満を言い終えるまではこちらの意見を言わないようにすることです。

相手が話し終えたら「すぐには解決できないが、こういう方法を試してみよう」と具体的な解決策を提案するのもよいでしょう。そうして相手が素直に納得できたうえで、2、3に進めば部下の気持ちもすっきりして、前向きに話を受け入れるわけです。

メンバーのやる気を高める３ステップ

①不平不満を吐き出させる

②メンバーの目標を聞き出す

③会社の目標と個人の目標を重ねる

新商品＝会社の目玉
スキルアップ＝会社の財産
↓
売上げアップ

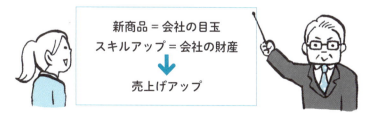

52

メンバーが刺激し合う環境を作る

強い組織を作り上げたいときの約束

Good

同僚同士が刺激し合える環境作りを行う。

Bad

上からの命令などで下を刺激する。

POINT

上司は職場の環境作りにも尽力すべき。メンバーが切磋琢磨できる環境を作る。

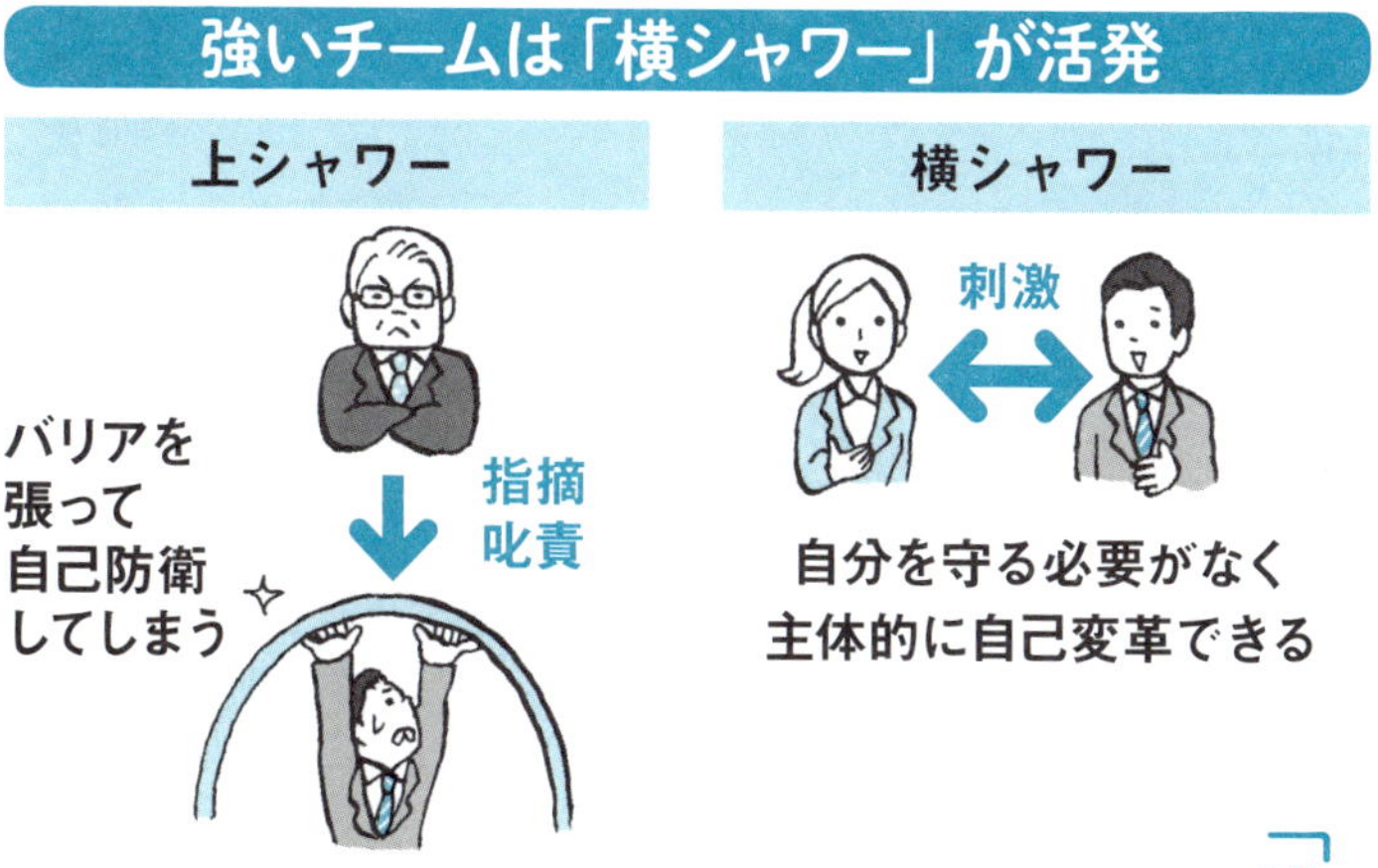
強いチームは「横シャワー」が活発
上シャワー
横シャワー
指摘
叱責
バリアを
張って
自己防衛
してしまう
刺激
自分を守る必要がなく
主体的に自己変革できる

「横シャワー」になる環境作り

「上シャワー」「横シャワー」という言葉があります。「シャワー」とは〝刺激〟を意味していますが、**「上シャワー」は上司が部下を叱咤激励すること、「横シャワー」は同僚同士が刺激し合うこと**をいいます。

両者を比較すると「上シャワー」は押し付けの伝え方であり、横シャワーは自然発生的な伝え方です。そのため**「横シャワー」が行われる環境のほうが強いチーム**といえます。

また、有能な新人を積極的にチームに入れ、〝下からのシャワー〟をメンバーに浴びせることも強いチーム作りにつながります。

53 新人を教育する

教育係を誰に任せるかの判断基準

○ Good

若手の社員に新人教育を任せて、双方の成長に期待する。

× Bad

経験豊富なベテラン社員が新人教育をする。

POINT

新人教育は教育係の成長のためにも、若手に任せることが得策。

新人教育は若手社員に「任せる」

若手社員
教育
学び
新人社員
若手社員に新人教育を
任せることで
会社、仕事の基本を
再確認させる！

"教える"ことを経験させる

新人が入ってきた場合、誰に教育係を任せるかはどの会社でも悩むところです。ベテランの先輩社員に任せることもあるかもしれません。しかし、新人の教育係は比較的年数の浅い若手社員に任せる方法も有効です。

若手社員に任せることで、自分が先輩であることを自覚し、後輩に「教える」ことで自らの成長も期待できます。新人にどう伝えればわかりやすいか、若手社員自らが考えるようになります。

さらに、会社の方針などを若手社員が再確認できることにもなります。ベテラン社員が教育係になると、このような機会を逃してしまいます。

54

チーム内でのコミュニケーションを深める

チームワーク不足を感じたときの対策

Good

部下に打診して食事会や飲み会を開かせる。

Bad

上司が率先して飲み会を開く。

POINT

親睦のために食事会や飲み会を開くときは自分主催ではなく、部下の誰かにさせるとよい。

部下が主催して親睦会を開く

親睦を深める機会の〝アシスト〟をする

「お酒を嫌う若者も多いし……」と、部下や後輩を飲みに誘うことを躊躇《ちゅうちょ》する上司の声を耳にすることが近年増えてきました。しかし、**飲み会や食事会はコミュニケーションを円滑にしたり、親睦を深めたりすることに有効**です。

ただし、上司が率先して誘うのではなく「たまには、飲み会をしてみてはどうかな？」と部下に打診してはどうでしょうか。上司が親睦を深めるきっかけを作ってあげるのです。

良好な関係を築ければ平等に意見を言いやすくなったり、業務の改善や仕事への意見も伝えやすくなったりします。

55 一人ひとりのメンバーを強く信じる

部下が思うように成長しないと感じたときの対応

○ Good

どんなメンバーに対しても成長の伸びしろを見つけて支援する。

× Bad

期待を寄せる人間とそうでない人間とを分けて、期待できる人間を指導するのが効率的である。

POINT

上司が期待することで部下は成長する。誰に対しても期待していると思わせることが大事。

〝期待〟を寄せることで部下は成長する

人は期待を寄せられると、それに応えようとさらにがんばる気持ちになるものです。これは「ピグマリオン効果」と呼ばれ、ハーバード大学のローゼンタール教授によって実証されています。ローゼンタール教授の研究では、教師が期待を寄せることで、学習者の成績がアップするというのです。

逆に、教師が学習者に期待を寄せない場合に成績が下がることは「ゴーレム効果」と呼ばれています。

これはチームにおいても同じことがいえます。**部下に期待を寄せれば、それに応えようとがんばって成果を出し、逆に期待を寄せない場合は成長も見込めなくなります。**

チームを運営する上司は、個人の能力の差異に関わらず、常に部下を信じて接しなければならないのです。

チーム全体に「信じる力」を行き渡らせる

ただ、**部下を信頼するには「信じる強さ」が必要**です。部下が失敗することを恐れない強さ。そして、なかなか思うように成長しなくても辛抱強く見守る強さ。ここでひとつ心に留めておきたいのが「他人を変えることは難しい」ということです。

しかし、微力だとしてもその人が変わろうとする手伝いをすることはできます。

上司はどんなメンバーに対しても能力の限界を見限るのではなく、まだまだ成長できる見込みがあると思い、変わろうとする姿勢に対して支援を続けることが大切です。

これは同時に、メンバー間にも必要なことです。先輩や後輩、同僚との間など、「信じる力」を浸透させてこそチームワークが成立します。そのためにも、まずは自らが手本を見せなければなりません。

どんなメンバーにも期待を込める

メンバー全員が活躍できる仕事を与えるのがリーダーの仕事

56

チームで課題と解決策を話し合い自分事でコミットする

チームが思うような結果を出せないとき

Good

チーム全体で解決策を出して実行させる。

Bad

まずは結果が出やすい目標に切り換えてやる気を出させる。

POINT

業績を出せないときは、話し合いによって絆を強めて再スタートする。

全員で解決策を出し、コミットさせる

どんなに素晴らしいチームでも、思うように成果を出せない時期がありま す。その原因を上司や先輩は、いち早く察知していることが多いかもしれま せん。しかしそんなときに、上司や先輩が解決策を提示するのではなく、**部下や後輩を交えてみんなで解決策を出し、自分たちでコミット（約束）させるような場を作ることが大切**です。

上司や先輩が指示を出しても、部下や後輩はただのやらされ感にしかなりません。そんな彼らに主体性を発揮させるためにも、解決策を自分で作らせることが重要です。

そして、**自分で解決を実行する。つまり解決にコミットをさせる**のです。人は指示されたことよりも自分で決めたことのほうが、はるかに仕事の実行率が高まります。それを利用するのです。

そのためには「誰か」がするべきと他人事で会話させるのではなく、「私

がやります」と話させなければなりません。つまり自分事で話させることが重要となります。

〝YOU〟ではなく〝I〟を主語にして話す

話し合いでは、まず上司自ら〝YOUメッセージ〟ではなく〝Iメッセージ〟で話すことが大切です。〝YOUメッセージ〟とは「あなたはこうすべきだ」「みんなもっとがんばるべきだ」といった〝他人〟を主語にした伝え方です。一方、〝Iメッセージ〟は「自分はこういうふうに改善したい」「自分はもっとこうすればよいと思う」といった〝自分〟を主語にした伝え方です。

メンバー全員が〝Iメッセージ〟で語ることにより、話し合いの場は建設的でポジティブなものになります。また、ベクトルを他人ではなく自分に向けることで、他の人たちにメッセージが伝わりやすくなります。

「信頼関係」はこうした話し合い、そしてちょっとした伝え方で生まれてくるものなのです。

信頼関係が築けるのは〝Iメッセージ〟

YOUメッセージ　主語が“あなた”

- 上から目線の話し方
- 理性的
- 客観的
- 断定的

Iメッセージ　主語が“私”

- 横から目線の話し方
- 情緒的
- 主観的
- 選択の余地がある

column4

メンバーに武器を与える

「標準化」「単純化」「専門化」という視点をもつ

チームの中には非凡な人もいれば、平凡な人もいます。そこでリーダーが考えなければいけないのが「平凡な人材で非凡な結果を上げる」ということ。そのキーワードになるのが「標準化」「単純化」「専門化」の３つです。「標準化」とはメンバーの能力を一定レベル以上に引き上げること。

その方法として、たとえば平凡な人材に「武器」を与えるという方法があります。「武器」は営業職であれば「セールストークマニュアル」などで、能力を「標準」に押し上げます。次に「単純化」ですが、これは複雑な手続きや余分な仕事を減らしてあげることです。部下の仕事が一気にスピードアップするでしょう。最後の「専門化」は複雑や難しい仕事を分割し、その一部のみをやらせるということ。これにより仕事に対する理解が深まり、より質の高い仕事が期待できます。

標準化
部下に「武器」を与えることで求められるレベルまで能力を高める。

単純化
仕事をシンプルに整理することでスピードアップやミスの減少を図る。

専門化
複雑な仕事を細分化することで、仕事の習熟スピードを上げて質を高める。

→ **武器があることで誰でも一定の成果が出せるようになる**

●監修者略歴
小倉 広
組織人事コンサルタント。株式会社小倉広事務所代表取締役。一般社団法人日本コンセンサスビルディング協会代表理事。一般社団法人人間塾代表理事。日経ビジネスセミナー講師、SMBCコンサルティング講師。大学卒業後、リクルート入社。事業企画室、編集部、組織人事コンサルティング室など企画畑を中心に11年半を過ごす。その後、ソースネクスト（現東証一部上場）常務取締役、コンサルティング会社代表取締役などを経て現職。

編集協力　STUDIO PORTO
執筆協力　穂積直樹
デザイン　ササキサキコ
イラスト　伊藤ハムスター

仕事は人間関係が9割！
職場で使える「伝達力」

2017年2月13日　初版　第1刷発行

監修者　小倉広
発行者　木村通子
発行所　株式会社 神宮館
〒110-0015　東京都台東区東上野1丁目1番4号
電話　03-3831-1638（代表）
FAX 03-3834-3332
印刷・製本　誠宏印刷株式会社

ISBN　978-4-86076-349-7 Printed in Japan
神宮館ホームページアドレス　http://www.jingukan.co.jp
1720180